# 了不起的中国画家

齐晓晶 编著

那些听说过
却从未了解过的艺术大咖

AMAZING
CHINESE ARTISTS

人民邮电出版社
北京

**图书在版编目（CIP）数据**

了不起的中国画家：那些听说过却从未了解过的艺术大咖 / 齐晓晶编著. -- 北京：人民邮电出版社，2024.8
ISBN 978-7-115-61353-0

Ⅰ．①了… Ⅱ．①齐… Ⅲ．①画家－人物研究－中国 Ⅳ．①K825.72

中国国家版本馆CIP数据核字(2023)第045379号

## 内 容 提 要

本书通过第一人称的形式，讲述了一些历史上著名的中国画家和文化名人：阎立本、吴道子、宋徽宗、倪瓒、沈周、唐伯虎、仇英、徐渭、八大山人和石涛。这些名人在艺术史上极具代表性，由他们创作的艺术作品及其思想也对中国文化产生了深远的影响。本书语言诙谐，像讲故事一样娓娓道来，读来朗朗上口，值得回味。

本书适合对中国艺术感兴趣的艺术爱好者阅读。

◆ 编　　著　齐晓晶
　　责任编辑　董雪南
　　责任印制　周昇亮
◆ 人民邮电出版社出版发行　　北京市丰台区成寿寺路 11 号
　　邮编　100164　电子邮件　315@ptpress.com.cn
　　网址　https://www.ptpress.com.cn
　　北京九天鸿程印刷有限责任公司印刷
◆ 开本：690×970　1/16
　　印张：9.75　　　　　　　　　2024 年 8 月第 1 版
　　字数：156 千字　　　　　　　2025 年 7 月北京第 2 次印刷

定价：79.80 元

读者服务热线：(010)81055296　印装质量热线：(010)81055316
反盗版热线：(010)81055315

大学期间，我成立了个人工作室，它以培养学员的艺术感知和创造力为核心目标，以艺术教育为主，从儿童到成人，从线下到线上，从机构到院校，为学员打开艺术的大门。在与学员们的接触过程中我发现越来越多的人喜欢大师的经典作品，大师的神秘感为人们带来无限遐想。大家会好奇：究竟一个人要度过怎样的一生，才能创造出如此令人着迷的作品？作品背后又有什么样的故事呢？但艺术爱好者在刚入门面对艺术家们的传记或者中西方艺术史时，又感到读起来有些吃力。

我花了很长时间思考，怎样可以便于大家接受这些内容？于是我开始像狂热的集邮爱好者一样，搜集艺术家的信息。

我发现了其中的规律：首先要有故事性，我们从孩童时期开始，就喜欢听故事；其次要有幽默感，我希望大家可以轻松愉快地获得知识。

这个过程还是别有滋味的，每讲述一位大师的经历我都要努力地让自己的精神状态、思维方式去贴近那个人。现在我特别理解演员入戏的感受，根据人物原型的需要，调动自己的七情六欲，让自己变成自己想象中的那个人。我总幻想，如果我是宋徽宗，如果我是唐伯虎，如果我是八大山人……

不知道长期下去会不会"精神分裂"。所以我得时不时清醒地告诉自己，我只是这些大师们的小粉丝。

我是齐晓晶。

齐晓晶
写于 2024 年春

# 目录
contents

你好，我是阎立本

史陽偉峯
乾蘭不復
壽考金
庭

# 认为我是个画家，
# 是这个世界对我最大的误解。

说实在的，画画这个事儿只是我捎带搞的，都不能算是副业，只能算是我的一个爱好，没想到竟然发光、发亮了！

**这让我那些闪闪发光的主业都没有得到很好的宣传，多多少少让我觉得有点儿没面子。**

我出身高贵，官至宰相，在政治上也有不俗的成绩。**这桩桩件件，哪一件不值得拿出来炫耀？**但令我郁闷的是，我最被世人熟知的，**却是我最不想被别人提起的"画师"身份。**

## 唉！咱也不知道这是成功还是失败。

**在中国古代，画家的地位非常低，和下九流几乎没什么区别。**也就是说，画家就是不务正业的"无业游民"，游手好闲、不干正事的代表。

我身处的社会，当时画家也不过是擅长一门技艺的工匠，常被人们直呼画师或画工，**没有什么尊严。**即使我很幸运，遇到的上位者并不歧视画师，但我也不想通过绘画这种方式让世人认识我。我追求的是世俗的成功，因为咱们身家在这里摆着，面子、里子都光鲜亮丽，总强调咱是个手艺人真是没劲透了。

公元 601 年，**我出生在一个贵族世家，自汉朝开始我的祖辈就活跃在朝中，而且几乎个个都官居高位。**
到了我这一代，更是出身高贵。我的外祖父是一代皇帝，我的母亲是高贵的公主。我的父亲不只是驸马，
在朝堂上也非常受上位者的器重。而且，我的父亲还是一位才华横溢的艺术家，他非常擅长绘画和设计。
父亲在世的时候，就因艺术才能步步高升，去世后还获得了谥号，可以说是荣宠至极。

父亲因为艺术才能平步青云，虽然也受过一点儿挫折，但后来还是一路高升，荣誉加身。他尝到
了艺术带来的甜头，所以，**他让我和哥哥从小就开始学习绘画。**

## 父亲极其重视培养我们的绘画技能。

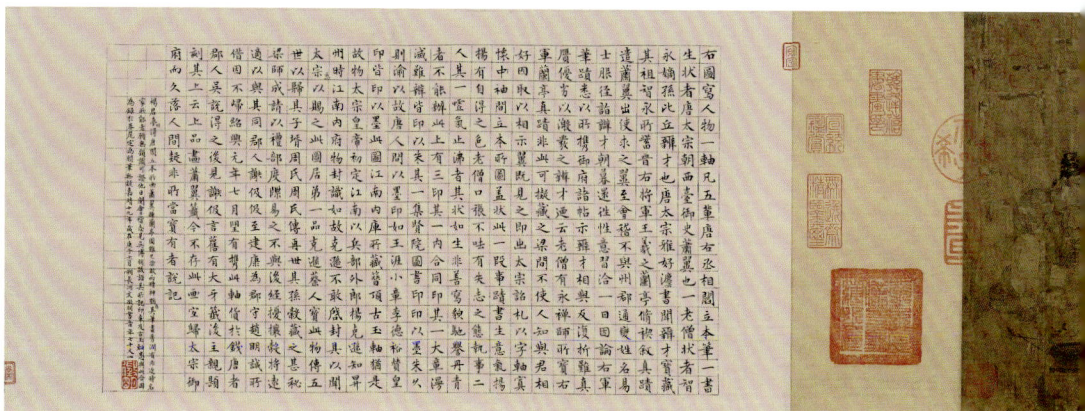

后来，虽然经历了改朝换代，但我们家族根深叶茂，幸运而平安地度过了那段动乱时期。因为出
身名门且才华出众，成年后的我顺利进入仕途，成为一位王爷的亲信。**我的这位王爷可相当足智
多谋，他设计了一场政变，最终成为权力至高无上的第一人。**

我虽然没在他的夺权之路上做出什么特别贡献，但没有功劳
也有苦劳，我还是渐渐得到了王爷的认可。毕竟我高低也算
是元老了，是该因为我的好眼光享受一些福利和待遇。

## 跟对了人，
## 天天吃香的、喝辣的。

我的仕途非常顺利，可以说是官运亨通。公元 627 年，不到 30 岁的我，所任职位为主爵郎中，掌管着官员的任命。说我年轻有为，一点儿都不过分。

战乱平息，天下逐渐恢复太平，本来是个好事情，我的政治才能却没有多大的发挥空间了。可能应了那句"时势造英雄"，迎来和平年代后，我的绘画才能竟然逐渐得到了领导的青睐。

# 人生真是"东边不亮西边亮"。

**战乱搞政治、和平搞艺术，啥也不耽误，我的事业运果然很好。**

我的作品《萧翼赚兰亭图》

想一想，我们古代那会儿没有照相机这种高科技设备，所以，就算我的领导再有本事，想要记录什么重要的场景，除了文字就只能靠画师。即使上流社会再瞧不起画师，他们也想要以绘画的方式记录下一些美好的、重要的人物或场景。

更何况，我的绘画技艺高超，我获得重用也是自然的。这还要感谢我父亲的高瞻远瞩，早早就给我规划好了职业生涯。

我的绘画技能得到了充分发挥，因为画得好，**我还成为领导的御用画师，见证、记录了很多大事。**

**636年**

在贞观十年，也就是公元 636 年，那年我 35 岁。我奉命和我哥一起设计领导的陵墓，并为领导曾经骑乘过的、一起征战沙场的 6 匹战马绘成画像，雕刻在了陵墓的石头上。

我的作品《职贡图 》

又过了 4 年，吐蕃派使臣前来长安求亲。

**640年**

如此重要的历史事件，领导自然让我将这重要的历史时刻绘制成画。这幅画名为《步辇图》。

我的作品《步辇图》

在故宫博物院评选的十大传世名画之中，
这幅画占了一席之地。

**在贞观十七年，领导还搞了个功臣评选会，选出了 24 个功臣，让我给他们每人绘制一幅肖像画。**

不过，你们是无缘看到了，因为收藏这些画的楼阁毁于战乱，我画的这些画自然也毁掉了。

想起这些，我其实也没有多伤心，因为我当时在绘画的过程中并不开心。我主要喜欢搞事业，喜欢体面的生活。但这个御用画师的身份，即使叫"御用"，听起来虽光鲜，也改变不了外界对画师这一身份的改变，所以画画这件事给我带来的更多是自卑，我实在很难认同这个身份。毕竟，对画师地位和身份的歧视都摆在那里。

记得有一次，我正在专心处理政务，**忽然来了一道传令，直呼我"画师"，这不是揭我伤疤吗？**传旨的人让我带着画具去拜见领导。

无奈，我只能扔下手头事务，匆匆忙忙赶过去。原来是领导和百官一起游览御花园的时候，在水池中发现了一只怪鸟。谁也没见过这样的鸟，

# 于是就让我当着文武百官的面写生！

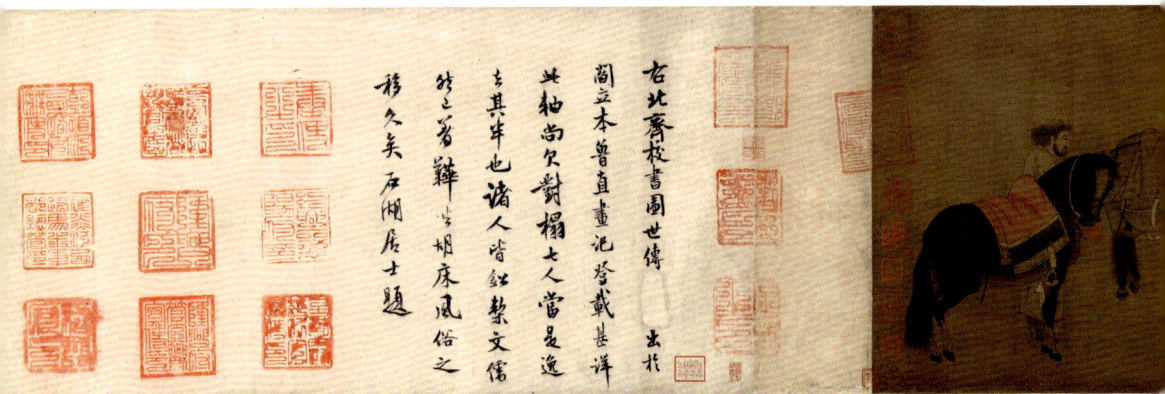

我的作品《北齐校书图》

我犹记得，那天天气特别热，我风尘仆仆地带着绘画工具赶过去，汗流浃背地趴在池边开始画那只破鸟。

我感觉我就像那只鸟，被这群人围观着，其中还有很多官职、比我低的人，就那样居高临下地看着我，我甚至都能感受到他们眼里流露出的轻蔑和嘲笑！**我恨不得一秒就画完，恨不得找个地缝走人！我更恨自己为什么会画画！**

那天我回到家做的第一件事，就是把儿孙们都叫到面前训诫，"吾少好读书，幸免面墙，缘情染翰，颇及侪流。惟以丹青见知，躬厮役之务，辱莫大焉！汝宜深戒，勿习此末伎。"我要告诉儿孙们，"我的才能不只有绘画，现在世人却只记得我的绘画，我还像个奴仆一样去侍奉别人，这简直就是耻辱。

# 你们都给我记住了，以后不要学画画！"

当然，现在回想起来，我并不是不喜欢绘画，我只是受不了外界对画师的评价。**如果画师在当时得到应有的尊重，我肯定会将我家传的一身绘画技艺都亲自传授给我的后代，也不至于我这家传技艺到我这里中断了。**

终于，我的政治抱负在公元 668 年实现了。67 岁的我坐到了宰相的位置，我当上了右相，成为百官之长。**这不仅意味着我终于有了被载入史册的资格，这更是向世人证明了我的政治才能。**

但是，我还是太天真了，低估了人性的"恶"！我当上宰相后，一些文人编造了一句顺口溜，说是"左相宣威沙漠，右相驰誉丹青"，拿左相的战功来和我的绘画做对比。这个评价乍听好像是夸奖，实则是讥讽，讽刺我只会绘画，讽刺我是靠画画坐上宰相之位的。

唉，这就叫"匹夫无罪，怀璧其罪"吧！**但人活到这个年纪，很多东西也就释怀了。**罢了罢了，到这个岁数了，我也该完成我的"身份认同"这项人生命题了。

是的，我不仅是一位政治家，我还是一位画家。不论世人如何评价我，自始至终，无论是作画，还是处理政务，我都兢兢业业，无愧于任何人。别的不说，咱们搞事业的态度绝对是诚恳的。

遺範

说到这里，我想起了我遇到过一位不卑不亢的年轻人。**说起来，我也算是他的"伯乐"，这个年轻人后来还成为名臣，并直接影响了历史的发展轨迹！**

这件事情发生在唐高宗永徽年间（649—655 年）。那时，我在河南任职，我曾负责当地官员的功过考核。我当时面试的一个年轻的小官，让我冲动地想要为他绘制一幅肖像。虽然我是御用画师，领导想让我画谁我就得画谁，但在我心中，自有想画的人和不想画的人。

这个小官，就是我想画的人。他虽然身份低微，但他见到我，却没有表现出任何畏惧和卑微的样子。他的不卑不亢让我十分欣赏，他活成了我憧憬的样子！

如果年轻时候的我，也能像他这般不在乎世俗眼光就好了，那么以前那些作画的日子可能就没有那么难熬。**所以，我上奏朝廷，推荐将其提拔重用。**

# 只是没想到，
# 这个年轻人竟然成了挽救
# 李唐王朝的关键人物。

我的作品《孔子弟子像》

豳 杏

## 673年

这一年，我73岁了。民间俚语"七十三八十四，阎王不叫自己去。"我自然是没迈过这道坎，就去"阎王爷"那儿报到了。

只是没想到，后世的史书却以"左相宣威沙漠，右相驰誉丹青"这句话来褒奖我，虽然你们非常认可我的绘画作品和我的绘画成就，**但说真的，就是别再用这句话夸奖老夫了，是真的倦了。**

我的作品《历代帝王图》

我的代表作是《步辇图》，被后世认可为十大传世名画之一。我非常擅长用不同的姿态和神情表现人物的性格特点，我画的画就像照片一样生动、写实。在我的另外一幅代表作《历代帝王图》中，我绘画的这个特点表现得更加明显。

当然，除了被世人熟知的绘画技能，我其实也会建筑设计

我还担任了设计、修建

大明宫是大唐辉煌的象征，更被称为"**中国宫殿建筑的巅峰之作**

介绍一下我的哥哥**阎立德，** 他是唐朝的

他曾经主持修建过很多宫殿建筑，比

他深受领导的赞许和重

我的领导就是历史上著名的皇帝**唐太宗李世民。**

接任他的皇位的是他的

唐高宗的武皇后就是后来历

我在河南考察时举荐的年轻人叫**狄仁杰。** 很多年以

我的外祖父是北周**武帝宇文邕**

我的母亲就是北周武帝之女

和我并列宰相官位的左相叫

我是唐朝的宰相，也是唐

我叫

面提到的我和我哥一起设计的陵墓，也就是**昭陵，**

宫的"将作大匠"一职。

果大明宫还在的话，你们就能感受到大唐盛世是多繁荣！

画家。和我一样，哥哥早年就追随我的领导了。

、玉华宫、华清宫，还有帝王陵墓。

惜我哥哥60来岁就过世了。

武门之变"中成功夺权，后来顺利登基，开创了"贞观之治"。

高宗李治。

一的女皇帝**武则天。**

为一代名臣，也是他让武则天决定把皇位还给李家。

还把外祖父画在了《历代帝王图》中。

我的父亲是**阎毗。**

是个武官，战功卓越。

，我最擅长画人物肖像画。

本。

你好，我是吴道子

鄙人，"人红是非多"的真实写照，"娱乐八卦"的"顶流"。你们问我有多红？"深秋的枫叶"没我红，华妃娘娘的"一丈红"都没我红，"鹤顶红"都没我红，咱是要多红有多红。由于我的作品非常"牛"而早早成为"顶流"，我的身世更是把我烘托得只能用5个字概括——红是我的命。

想当年我因为各种版权问题天天"暴走"，但后来幸好有一些"事业粉儿"争相模仿我，你们今日才能得到如此新鲜趣闻。

**咱毫不谦虚地说，**

# 在中国古代艺术史上有两"圣"，
# 其中一个就是我。

在我身上流传着很多难辨真假的传说和逸事，我想要传给后世的人们一些真迹作品，可惜几乎一件作品也没保存下来。

**幸好，我的作品在当时社会各界的影响极大，大到人们纷纷效仿、临摹，最终才让你们认识到我的艺术成就。**即使不认识我也没关系，名利对我而言不过是"浮云"，我的作品能为中国艺术领域增光添彩足矣。

我的作品《观音菩萨像》

自我记事起，我就孤身一人。好像我出生没多久，双亲就去世了。所以，我也不记得我的出生年月了，可能是公元 686 年，也可能更早，也可能晚些。后世传言，我的名字和我的出生有关。**据说，我母亲挺着大肚子赶路，走着走着腹痛难忍，但前不着村后不着店，只好在大道上就把我生下来了。这个传言是不是真的，我其实也不知道。因为，父母去世前也没给我留个遗书啥的。**

虽然我是个流浪儿，但不知是我父母生前是落魄的贵人，还是我单纯"走了狗屎运"，后来我遇到了当时的书法界"大 V"，而且一遇便是两位！

# 更重要的是，
## 这两位"大 V"竟然肯收我做他们的学生，

我真觉得我家"祖坟要冒青烟"了。我对这两位恩师感激涕零，无以言表。就这样我开心、愉快地开启了我的"练习生"生涯，我要用努力学习来回馈命运对我的眷顾！

我一定要给我的两位恩师"点一波大赞"！我的张姓恩师为人洒脱不羁、豁达大度、卓尔不群、才华横溢、学识渊博，我的贺姓恩师为人旷达不羁、情商出众、诗书俱佳，还是浙江史上第一位有记载的状元。

而且，我这两位恩师还是酒中好友，不仅特别喜欢喝酒，还喜欢借酒挥洒创作。

虽然作为"练习生"的生活吃好喝好，还有行业"大 V"带，**但很快我发现不管我怎么努力，在书法上也没什么建树，这大概就是努力过后才发现有些事情确实需要天赋。天赋**这种与生俱来的"财富"才是真正决定人生归属的唯一标准。

但两位恩师那种充满激情恣意的生活态度与创作方式，却深深影响了我一辈子。

俗话说得好，"师父领进门，修行靠个人"，我虽然没有书法天赋，但是两位"大V"的气度和创作时的氛围，我还是"照葫芦画瓢"学到了些精髓。慢慢我也开始喜欢一边大口喝酒一边投入作画，**所以后人是这样评价我的，"好酒使气，每欲挥毫，必须酣饮"。**

虽然，我在书法上没有过多天分，但我琢磨着老天爷给我关上一道门，怎么也得给我留扇窗啊。于是，我通过钻研前人名家的绘画作品，无师自通。

# 从此我打开了"我的那扇窗"——绘画！

**从我的转业经历来看，我发现一个道理。有时候，努力了没结果，可能是方向没选对，选对方向再努力，就会达到事半功倍的效果。** 因为自从我开始转战绘画后，每天像有用不完的精力，发奋钻研各种绘画技法。这人阿，一旦找到适合自己的"路子"，那再加上一丁点儿努力，就跟"开了挂"一样。

记得在开元年间，当时有个著名的舞蹈家，我非常喜欢观看她的舞剑表演，看多了我还从中领悟了用笔之道。

因为入对了行，这次我的努力终于有所收获。我的名气变得越来越大，顺理成章地被当时的一个政坛"红人"注意到了，**他真诚地向我"投递橄榄枝"，还安排了一个官位给我。**

我的作品《八十七神仙图》

于是，在公元 709 年，20 多岁的我辞别两位书法恩师，来到这个政坛红人门下当了个小官，后来又被调到了兖州（今山东省济宁市）做掌管治安的县尉，类似现在的公安局局长。

但说句实话，咱们搞艺术的，这性子是真不适合当官，把我憋屈的，心好累啊。

## 这"铁饭碗"太"硌牙"了！

溜须拍马我也就忍了，必要的时候竟然还要打老百姓！我实在是忍不了，3 年的期限一到我就辞官不做了，实在是做不了这个！

我的作品《先师孔子行教像》

既然咱也不是吃官家饭的料，那还是做回我的老本行算了，毕竟咱靠绘画谋生也算是能名利双收呢！听说当时的东都洛阳是人才聚集、艺术发达的文化中心，**于是，我收拾行囊，开始当"洛漂"。**

我的"洛漂"生涯过得非常顺利，我的才华得到了当地文艺界的认可，我不仅获得了"财富自由"，还赢得了很大的名声。这也是没办法的，

# "老天爷追着赏饭吃"，岂有不吃的道理？

那会儿的我有多风光，这么说吧，我画一扇屏风，就"值金二万"，差一些的也能获利"一万五千"，我的画的价格在当时的艺术圈已经是最高价位。**我画的卷轴，更是当时图画收藏界公认的标配之一。**所以，外界对我的才华和作品的认可，也让我迎来了我绘画创作的极盛时期，我的画的商业价值随着我的人气飙升而一路飙升，**商务合作络绎不绝，作品更是一个接一个。**

在开元天宝年间，仅在洛阳和长安这两个京都的寺庙中，我就留下了300多幅壁画，还有被私人收藏的大量卷轴画。后来，我的名气之大传到了上位者的耳中，得到了他的赏识，在公元713年左右，他召我去长安入宫侍奉，还给我赐了个名。

那年，我才不到30岁，咱自评"流量小鲜肉"不过分吧？毕竟我凭借高超的画技，当上了"国家公务员"。在宫中，我的职位是高级宫廷画师。**上位者可能怕我接私活，还给我下了一道禁令，命我"非有诏不得画"！**

就是说，我只能给他一个人作画。我简直要"郁闷死了"，艺术家的很多创作都发生在有灵感的时刻，**这简直是扼杀我的创作积极性，不过我是敢怒不敢言。**毕竟咱们要眼光长远，不能把自己的"红毯之路"给糟蹋没了。

当"国家公务员"使我有了因公出差的机会。而且有一次，我随驾去了东都洛阳，不仅会见了一位将军，还见到了我的张姓恩师。这一次，我和恩师还各自表演了自己的绝技，

# 真是我这辈子终生难忘的一大乐事。

公元 742—755 年间，上位者有一天突然怀念蜀中嘉陵江的山清水秀，就让我去嘉陵江写生。我犹如困兽出笼，在那边彻彻底底地放松了一段时间。数日后我玩儿够了就回去上班了。

结果，上位者见我连一幅半幅的作品都没带回来，非常生气，认为我不务正业，质问我他要的画在哪儿。呵，他真是小瞧我了，嘉陵江的一山一水、一幕一景、当时给我的感受和印象，都深深刻在我的脑海里了。**于是，我对他说道："臣无粉本，并记在心。"**说完我就在大同殿的墙上开始作画，仅用一天的时间，我就把嘉陵江的景色全部画完了。上位者看完龙颜大悦！那是自然，前面大画家李思训用了数月的功夫才完成相似的作品，虽然他也画得不错，但怎么比得上我这画得又快又好！

当然，除了山水画，我最擅长的还是人物画。这里又要提到上位者了，还有那场公元 755 年发生的"安史之乱"。这场内战让上位者短时间离开了长安，逃往蜀中。**但自从他再次回到长安便经常噩梦不断。**

有天夜里，他做了一个够刺激的梦，被一群鬼怪围攻，在梦中嗷嗷大叫，最终钟馗出现将他解救下来。第二天，他就命我为钟馗画像。说来也怪，那天晚上我好像也做了个一模一样的梦，所以，我画起来轻车熟路，很快就还原了上位者梦中那钟馗的形象。

**不出所料，上位者很满意，他把我画的钟馗往床边一放，真的就再没做过噩梦。在那个不讲科学的年代里，人人都称神奇。**其实我无非就是把人物的神态刻画了下，将衣袖、飘带都画出迎风起舞的动势罢了，结果还被世人们称之为"吴带当风"。从此这钟馗就被**民间奉为"镇宅驱邪之神"**了。

后来，公元 758—759 年，我已是古稀之年了。自从离开宫廷后，我便开始悉心教授众多弟子，不辞辛苦地言传身教，就是想把自己的技艺传给下一代，使我的绘画技艺后继有人。

比如在创作壁画时我只描出一个大概的样子，其余的都让弟子们来完成，要把机会留给年轻人嘛！我这一把年纪，说不定哪天就"交代"了。

幸好有的门生很争气，我在一个寺庙看到过一个门生的绘画作品，大为惊叹"此子笔力，当时不及我，今乃类我。是子也，精爽尽于此矣。"**可惜后来听说他因为太呕心沥血地绘画，过了一个来月就离开了人世。**唉，可惜啊可惜……

我的作品《罗汉图》

033

回想我这一生，主要精力用在了壁画、屏风和卷轴画的创作上，题材也几乎都和宗教有关。但是，我并不受宗教的束缚。

说到这里，我给你们说些小秘密：**我在那幅闻名后世的《送子天王图》中，把武将的脸画成了唐代武士俑的面貌。我还在千福寺西塔院的壁画里，把菩萨画成了自己的样子，让咱也体验一把被世人膜拜的感觉。还有，在《地狱变相》中，我把那些可恶的、欺压百姓的达官显贵统统都画进了十八层地狱，让他们"永世不得超生"，解恨解气！**

我的作品《送子天王图》

除了宗教，我擅长的题材可多了去了，什么人物、山水、鸟兽、佛道、鬼神、草木、样样都行，想必这也是后世给我冠名"圣"的原因之一吧。

我一生活了近 80 年，创作时间将近 60 年。我虽然画了许多作品，但流传下来的真迹却少得很。唉，这也没办法，那时候兵荒马乱的，

# 人能保住命就不错了，
# 谁还顾得上书画呢！

**845年**

**这一年，当时的统治者开始下令毁灭佛寺，我的大部分壁画自然难以幸存了。**

即使留下来的作品不多，我依然被后世称为"**画圣**"。

而另一位在艺术届被称"圣"的人是出生在晋代的**王羲之，他被称为**

"**书圣**"。

我的两位恩师，书法界的"大V"分别是**张旭和贺知章**。

上位者是**唐玄宗**，给我赐名道玄。

所以，很多唐史里我的名字就叫**吴道玄**。

如果让我说出一位最得意的门生，那一定是不幸早逝的那位，他叫**卢稜伽**。

说了这么多，接下来要公布我的名字啦！

你们好！我就是被后世称为"**画圣**"的

**吴道子**。

我的作品《宝积宾伽罗佛像》

你好，我是宋徽宗

**"男怕入错行，女怕嫁错郎。"说得一点儿没错。**

我本是个养尊处优的王爷，一不小心得到了至高的权势与地位，但随之而来的还有无尽的痛苦与烦恼。因为我的职业并不是我喜欢的，也不是我自己选择的。

但好在没人管得了我，我还能做我热爱的副业。不过，令我非常苦恼和沮丧的是，因为我的不务正业，最终我把家族打下的江山搞得一塌糊涂，而我的下场更是异常凄惨，身陷囹圄，受尽屈辱，最终客死他乡。唉，无颜面对列祖列宗啊。

**今日我就现身说法，希望大家引以为戒，**

# 副业虽香，可不要贪多。

1082 年，我出生了。说起人生，很多人都习惯性地从自己不平凡的出身讲起。我就不"凡尔赛"了，毕竟身在皇室，祖辈给我提供了富足的生活基础，我的前半生过得逍遥又自在。我这个人很简单，没什么大志，也不曾给自己定过小目标，只愿一辈子安安稳稳，做点儿自己喜欢的事情那就极好了。

**1082年**

我也不是一个不学无术之人。我所处的朝代，诗词书画鼎盛，各大名家辈出，所以，在这样的文化氛围里，我自幼就培养了十分广泛的兴趣爱好。等我年长一些，更是经常与各界名流聚在一起搞一些文化艺术的交流。可以这么说，除了接管家族产业，**我几乎什么都会，书法、绘画、诗词、抚琴、玩石、蹴鞠……总之，我对各个领域，都有着或深或浅的研究与涉猎。**

但好景不长，我那从小体弱的皇帝大哥，在他事业刚有起色之时便病逝了，他当时只有 24 岁。

# 就这样偌大的国家突然无主，
# 至高无上的皇位空悬。

都知道国不可一日无君，按正常逻辑来讲，我大哥虽然死了，可我父皇他老人家有 14 个孩子，而我排行第 11。这皇位即便没有我的侄子继承，我上面还有哥哥，下面还有更名正言顺的弟弟，怎么轮也不会轮到我这非嫡非长的轻浮王爷身上。

**更有大臣，早已把我看穿，说我"轻佻不可以君天下"。** 可真有意思，谁稀罕当皇帝，但反正我也不想当，就不跟他们计较了。俗话说，"欲戴王冠，必承其重。"我根本志不在皇权和斗争，我就喜欢摆弄摆弄文玩，游手好闲惯了，抗不住那么大的工作压力。**要知道皇帝这工作可不是一般人能干的。**

我的作品《柳鸦芦雁图》

**但天有不测风云，造化就是弄人。** 恨只恨当年医学不发达啊，我的 14 个兄弟里 8 个夭折，还剩 5 个顺利长大了，但他们要么是太后不满意，要么就是身有残疾。想我眉清目秀、面色清润，天庭饱满、地阁方圆。放在当时妥妥一个气质儒雅的"帅哥"啊。就这样，我脱颖而出，不满 20 岁的我，开始了我从未想过的职业生涯。

# 哎，只想当个"文艺青年"，
# 却非叫人家做皇帝。

**1101年**

这一年我 19 岁，刚迈入"职业新赛道的我"，其实我还是想做出一番事业来证明自己的，所以一开始我对待工作还是蛮认真的，一如既往地像父辈们那样节俭励志，政治上也支持过变法，任用过忠臣。**不过，这一天天地看奏折、听大臣汇报、处理诸多公事，也让人疲惫不堪。**

**我坚信，不"摸鱼"的职场是不完整的。上班之余我当然会忙里偷闲，搞搞我的副业。**

我的作品《枇杷山鸟图》

上班偷懒多少还是有些心虚的，但一想到我是皇帝啊，一国之君我怕啥，就这样在权力的"加持"下，我"正大光明"地将我的爱好发扬光大了。

# 首先，我提高了画家的待遇，
# 再穷也不能穷画家！

并且我发现，招募上来的画家不是审美能力差就是文化功底弱，因此，我开始兴办和完善皇家画院。这次创建画院不同于以往的政治角度，而是从艺术发展的角度创建的。

我的作品《梅花绣眼图》

**1103年**

21 岁那年，我将皇家画院设为科举机构里的重要组成部分，**所以，想当官，先过画画这一关。**我创建了一套系统完整的教学体制用来培养人才。从考试、课程设置到教学过程我都事必躬亲。**尤其值得一提的是在当时我开设了当时皇家最高美术教育机构——画学，这可谓世界上最早的美术学院，足足比西方那些美院早了三四百年。**

画学里又分为 6 个科目，佛道、人物、山水、鸟兽、花竹、屋木。对于画院的组织和教授，我经常一对一亲自指导学生，还常常以唐诗作为题目考核学生，以《说文》《尔雅》《方言》《释名》四书的相关内容设问答，一来可以考查学生是否有扎实的写实功底，二来可以测验学生的学识修养。怎么样，你们现代的绘画教学是不是也有我革新的影子？

搞艺术真真是我一生中最享受且最快乐的事，**我创立的这座中国历史上全盛时代的皇家画院，培养出了很多仅凭一件作品就足以"惊艳后世"的艺术家。**

就拿这两件我引以为傲的传世杰作来说吧。

一个是 18 岁孩子的青绿山水作品《千里江山图》，从这幅画中足以看出这个大男孩他那深厚的文学素养和优秀的艺术审美。

另一幅是风俗画长卷《清明上河图》。看这画面，手法细腻、栩栩如生，将汴京的繁荣景象描绘得淋漓尽致。身为他们的院长，**我倍感欣慰和自豪，足够我炫耀一辈子。**

之所以能培养出众多高徒，肯定离不开名师的栽培。**身为他们的导师，我的艺术成就必然不会比他们差。**

这可不是我自命不凡，经后世专家们证明，

## 我是中国历代帝王中艺术天赋与才能最高的皇帝！

咱也不知道后面的皇帝都啥样，总之这也算是对我艺术成就的高度认可吧！

**提到我的一生热爱，这话匣子就打开了，让我给大家好好唠唠咱是怎么认认真真搞副业的！**

绘画方面，我非常擅长工笔花鸟及仕女画，**可以说，工笔画就是我开创的。**花鸟、山水、人物、楼阁，我无所不画，尤其钟爱花鸟画，并形成了"院体"。我收藏的花鸟画有 2786 件，接近我的全部藏品的一半。

# 什么是工笔画呢？

工笔画也可以叫"细笔画"，最大的特点就是用线条造型，线条必须是工整、细腻、匀称和严谨的，工笔画非常关注细节和写实，追求丰富的渲染层次和逼真的形象效果。

工笔画作画是有讲究的，一般是先画线稿，线稿需要反复修改才能定稿。然后描画在宣纸或绢上，用上等狼毫小笔勾勒，最后均匀涂色、层层渲染，以达到形神兼备的艺术效果。

我在画画上非常注重在写实时追求形神并举，最理想的境界就是由形似达到神似。为了教授学生，我还把我的很多绘画经验总结了出来，写了很多有关绘画的理论文章，**组织编辑了《宣和书谱》《宣和画谱》《宣和博古录》等著名美术史图书，听说这些图书对研究美术史具有相当大的贡献。**

**我不仅擅长绘画，还在书法上有很高的造诣。为了和我的工笔画保持统一风格，**

# 我自创了一种被后人称为"瘦金书"的书法字体。

我的字体飘逸、潇洒而且舒展，给人的感觉就像是在看优美的舞蹈。

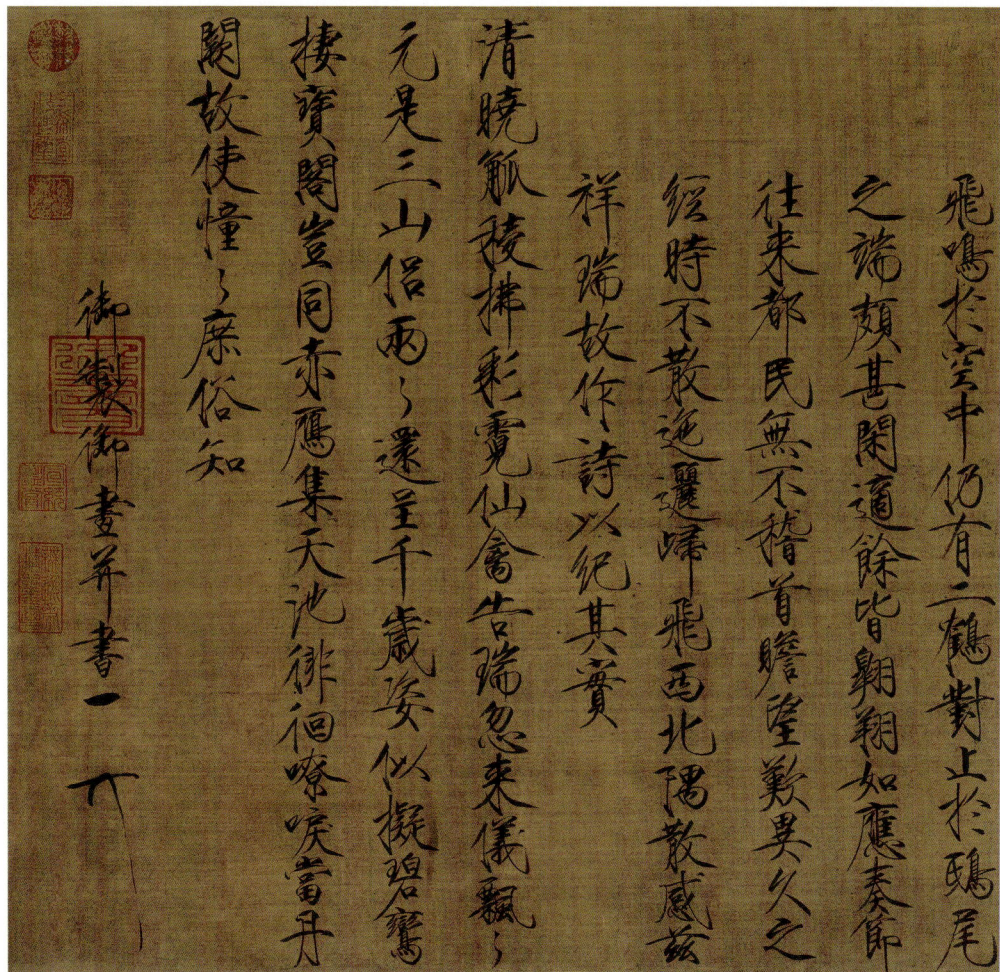

我还开创了诗、书、画、印相结合的独特性。**我在创作时，常以诗题、款识、签押和印章巧妙地组合成画面的一部分。比如，在我的作品《芙蓉锦鸡图》中，我就尝试了"画中有诗，诗中有画"。**

妖冶拒看成
羲冠錦羽雞
已知金玉德
安逸勝鳧鸞

宣和殿御製并書

在这幅画里我描绘了金秋时节的景象，朵朵芙蓉盛开，花朵随风轻轻地颤动，两只蝴蝶相互追逐嬉戏，引得落在花枝上的锦鸡扭头凝视，目不转睛。

右上的诗词就是我用瘦金书写的，"秋劲拒霜盛，峨冠锦羽鸡。已知全五德，安逸胜凫鹥"；右下落款"宣和殿御制并书"，草押书"天下一人"。

整幅画以清瘦劲健的诗文和精致艳丽的图画相应，富丽堂皇中又蕴涵端庄典雅的气质，**体现我对"形神兼备，曲尽其妙"的追求。**

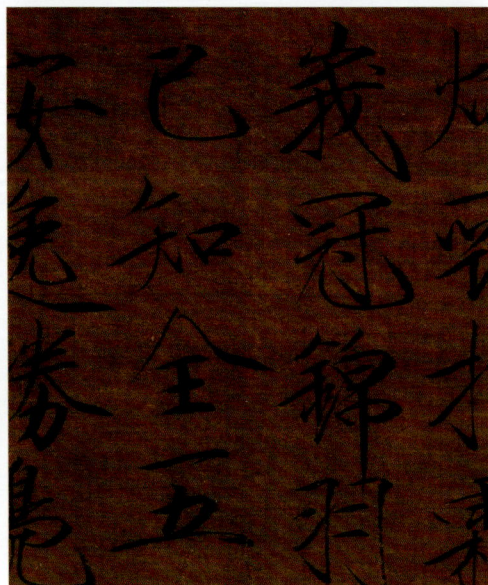

**可惜，我在艺术上的惊人天赋没能延伸到我的政治领域里。** 我后来有些得意忘形了，听信了奸臣谗言，他们晓得我爱才惜宝的软肋，投我所好从而扶摇直上。我真是被这些奸诈小人蒙蔽了双眼，他们利用我的信任，打着我的名号让百姓苦不堪言、揭竿四起，

# 最终我的国家不堪重负，
# 走向了灭亡之路。

**1126年**

这一年是我人生的至暗时刻，金人攻破了我的都城，将我和儿子等一家人俘虏变成了阶下囚，我们被押送到他国。**被囚禁期间，我受尽了精神折磨，虽然写下了许多悔恨、哀怨、凄凉的诗句，也于事无补，最终在 1135 年，惨死在了异国他乡。**

我不否认我是亡国之君，但我也真的没想当这一国之君。**我更喜欢大家称我为艺术家，我本无心政治，我的从政真的就是一场悲剧。** 如果时间能够倒回，我绝不会接手皇帝这份工作，**只会用心经营我的兴趣爱好，说不定我会有更高的艺术成就！**

我的作品《竹禽图》

我的国家就是**北宋**。

我那英年早逝的大哥是**宋哲宗**。

说我"轻佻不可以君天下"的人是**宰相章惇**。

北宋灭亡那场巨变，历史上称为**"靖康之变"**。

让我背负千古骂名、成为亡国之君的奸臣就是

**蔡京、童贯、高俅之流。**

当然，我葬送祖宗的百年基业，也有我自身的原因，我只顾着搞艺术，疏于管理国政这个最主要业务。

我创建和扩充的皇家画院是**翰林图画院，**也叫**宣和画院。**

我那两个"一幅画足以惊天下"的学生，一个是《千里江山图》的作者**王希孟**，

另一个是《清明上河图》的作者**张择端。**

我活着的时候，创作了大量作品，可惜被金人盗走、遗失了很多，目前留存于后世的画作有《芙蓉锦鸡图》《池塘秋晚图》《四禽》《雪江归棹图》等。对了，我还有一本词集，叫《宋徽宗词》。

**你好，我叫赵佶，**
**当皇帝前是端王。**
**我就是宋徽宗。**

我的作品《听琴图》

你好，我是倪瓒

# 我，洁癖画家，给梧桐洗澡，厕所铺鹅毛，"因爱干净终生未娶"，最终却"掉进粪坑淹死了"！

我，才华横溢、志趣高洁，且是一位男子里少见的干净、整洁的画家。在美德、艺术修养、处世哲学以及家世背景等方面，我都有可圈可点的造诣，无论是古代还是现代，我都是个有实力的"网红"！

**可是，让我憋屈的是，人们的焦点不放在我的才华横溢和志趣高洁上，却将我"死于粪坑"的谣言时不时地带上"热搜"。**

**真是应了那句话——谣言重复多遍就成了事实。**我一生爱洁净的名声自此成为人们口中的一个笑话，真是人言可畏。

不要侮辱俺的毛！

1301年

我出生在江苏无锡的一个小城镇。我祖父是当地的大财主，富甲一方，我算是个名副其实的"富三代"了。虽然在我小时候，父亲就逝世了，但是我的长兄一直庇护着我。我的长兄是道教的上层人物，也爱结交高雅文人、隐士。那时，道教特别受人们的尊敬，因此我长兄的地位非常高，还享受种种特权，也不受劳役租税之苦，更没有官场倾轧之累，生财更是轻而易举。

**所以，我从小到大一直生活得非常惬意、无忧无虑。**虽然我家确实财大气粗，但并不是"暴发户"。小时候我长兄就非常重视对我的教育，还为我请来当地的名人做我的家庭教师。

在这样的家庭环境和教育培养下，我并没有成为花钱如流水的纨绔子弟，而是一位有着良好品德修养的富家少爷。在外人眼里，大家可能觉得我性子清高孤傲，但其实我只是不爱过问俗世和政治，对当官发财没有任何兴趣，只爱在诗文书画中寻找快乐。这日子过得简直不要"赛神仙"了，我还被别人称为"云林子"，连我自己都觉得我太"躺赢"了，**就给自己起了个有趣的笔名"懒瓒"，以此来调侃自己"活神仙"的逍遥生活。**

我的作品《林亭远岫图》局部

老话说"富不过三代",我也没逃得过这规律。在我 27 岁那年,我的长兄和老师不幸染病接连去世,我只忙着悲痛欲绝,完全没意识到我的生活也会因此发生重大改变。**随着长兄离世,我原来依靠长兄享有的特权也没有了。**

大家也知道,于生活而言,我本质就是个四体不勤、五谷不分的富家子弟,我哪懂什么理财之道。我这衣来伸手、饭来张口的好日子,突然就到头了。可锦衣玉食下养成的我比较清高,我不愿意去处理各种俗物杂事,于是生活变得越来越不快乐。

都说"苦难是文学的温床",**因此我写出了《述怀》:"嗟余幼失怙,教养自大兄。励志务为学,守义思居贞。闭户读书史,出门求友生。放笔作词赋,览时多论评。白眼视俗物,清言屈时英。富贵乌足道,所思垂令名。……"** 从中可见我当时的纠结和窘迫。

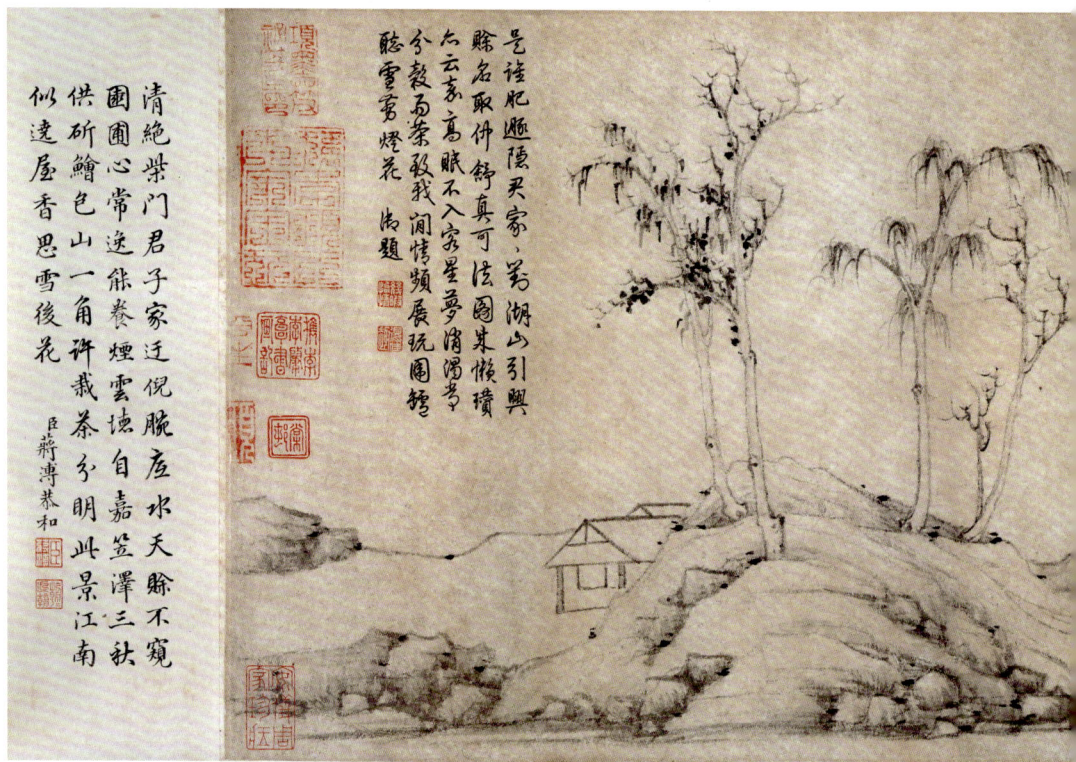

我的作品《安处斋图》

**于是，我给自己建造了一座精神家园，就是我那有名的三层藏书楼。**在阁楼上，我可以和好友知己一起饮酒、写诗、听曲、画画，将外面俗世的纷扰全部隔绝开来，总之想要生活好过点，就要学会逃避现实。

当然，能进我这楼的可不是什么随便之人。咱就是说"江山易改，本性难移"，逃避归逃避，清高的性子依然要保持，我只接受志趣相投且能聊得来的人。

## 至少他们得是爱干净讲卫生的人！这是我的底线！

就算我家道中落了，日子还是要干干净净地过。爱干净是一种美德，进屋就换鞋也是一种美德。所以他们来找我玩儿，我都给他们备好替换的鞋子，啥样的生活都需要"仪式感"！

秋暑多病暇从夫怨行路琴之曲
珊松清陰滿庭户寒泉溜崖
石白雲集朝暮懷貳如金玉周
子關無度息景以消摇安笑言
思與晤避學親交秋暑辟
親將事于役曰寓幽珊寒松并
題五言以贈公若招隱之意 丙午七
月十日倪瓚

说实话，我确实不懂大家对我"爱干净"这个事儿为什么会有那么多看法。我只是喜欢每天洗几遍澡，保持身体香香的而已；只是让仆人把房间打扫得一尘不染而已；只是要将文房四宝每次用完清洗得干干净净而已；只是要院里院外的梧桐树下不能有一片落叶而已！

这怎么了？这有什么问题吗？我自己干净，我目光所及和我所处的环境都干干净净、令人神清气爽的，**有何不妥吗？**再说，**"一屋不扫，何以扫天下"？**

# 我觉得我只比普通人
# 爱干净那么一点点而已！

**举个例子，**这就不得不提让我**"恨得牙根痒痒"**的一位朋友了。有次他有事非要在我家里借住一晚，我一直担心他会弄脏我的房间，睡前忍不住去他窗前观望了三四次，结果我就听到他一声咳嗽，紧接着还吐了一口痰！那声音简直了，使我十个脚趾都在疯狂挠地啊，真是**"是可忍，孰不可忍"**！这是哪？我家啊！他在干吗？吐痰啊！他在他家会随便吐痰吗？不会吧！再说 我家是能随地吐痰的地儿吗？

**这事儿给我直接整失眠了，**一宿翻来覆去睡不着。终于熬到了第二天天亮，我强忍着骂的冲动，终于把他送出了家门。

送走这个粗鄙之人，我立刻让我的仆人去寻找他吐的那口痰。我的仆人几乎找遍每个角落，终于在一片树叶上找到了。算他**"还是个人"**！没给我吐地上，不然我可能把屋子直接**"点"**了！我憋着气连忙让仆人把这污秽物扔得远远的，扔到离我家 3 里地之外去，不然万一带来什么传染病可就不得了。

听说你们在找我？

我的作品《幽涧寒松图》

从那之后，为了尽量避免这种双方都不开心的事情发生，我开始外出交友。我顶讨厌官场上的俗人，我觉得他们"金玉其外，败絮其中"，所有表象的好都是为了掩饰心中的劣。

所以，我结交的朋友多是和尚、道士、诗人或画家。和他们在诗文书画上的交流切磋，也让我精进了画技。朋友嘛就要选这种可以互相促进的，多学一样手艺就多一条出路嘛。

**我曾经为一位比我大 20 岁的忘年交精心绘制了一幅画。还有另一位忘年交比我年长 32 岁，他在绘画上给了我很多指点和灵感。**

他还花了 10 年时间替我画了一幅长画卷，有多长呢？二丈五尺余！可见我们的友谊有多深厚！我的这位朋友也是道教里德高望重的人物。

# 我这些朋友都是帮我在后世
# 被评为元朝山水画"一哥"的贵人。

**1348年**

我决定追随我朋友的信仰，也开始信奉道教，道教的思想也正好符合我超脱尘世的想法。这一点可能在我当时的作品中有所体现，因为朋友看出我的画作中透着一种苍凉古朴、静穆萧疏的意向。

除了广泛交际，我还喜欢游山玩水。我非常喜欢家乡的太湖，经常在它清幽秀丽的山光水色里流连忘返。

不过，在我离世之前的 20 年里，我的足迹不止于此，我还去过江阴、宜兴、常州、吴江、湖州、嘉兴、松江等地。寄情于山水之间作诗绘画，自娱自乐，好不自在。

这段可贵的岁月让我有了更多闲情逸致用于钻研绘画。我创造了新的构图形式，我的山水画远景是连绵山石，近景是河岸平地，中间是大片留白的江河，**这就是被后世命名的"一河两岸"式！**

我的作品《江渚风林图》

江渚暮潮初落
風林霜葉渾稀疏
柴門閴寂懷人
山色依微至己
卯九月望日戲為
勝伯徵君寫此并賦小詩倪瓚

越過玄宰本與其區此幅為勝伯作重焉以詩蓋見其
妙並當時雲林相契張治兩村款仲王輞明廬勝伯則
雍公八世孫品与滕伯尤宏欽有是作耘他臨本且不同也原
藏項墨林漢膚高江邨戴入清夏錄不知何時兩詩珍
文于收蔵玄宰松蔵窖吳門此明人手澤為浮之携歸
視余并屬題數言以記顛末
道光六年歲次丙戌仲春下澣子德俞能識

063

你们看我创作的《紫芝山房图》，我画的房子是多么大开大合、通透敞亮，尤其非常适合被打扫，不藏一点儿灰尘。我再次强调，爱干净是一种美德！

其实，山水画嘛，画山、画水、画树就够了，保留大片的空白之地，多么简洁，多么大气！主要看起来是多么的干净！还需要什么鸟、花、船这等俗物点缀啊？

# 是的，我的创作理念就是能少画就少画，能不画就不画，毕竟墨水多了看着多"脏"啊！

**我就是想用极少的墨画出最简约的画，这样才能极致表达出我的清雅与洁净。可以看出我的"洁癖"已经泛化到了绘画风格上，不过这也算是助力我开创了新的画风，就是中国的极简主义画风。**
还别说，我的"洁癖"画风在明清时还被争相模仿呢，这些小辈们还赞我"胸中净无尘"。知我者明清小辈也，我恨不得重生过去和他们拜把子阿！

我的作品《紫芝山房图》

《紫芝山房图》局部

**1353年**

恰逢世道不好过，暴乱迭起，赋税加重。**雪上加霜的是，当时我因为清高还得罪了一位当权者，迫不得已，我只好变卖家产和土地躲藏在太湖中，**打算乘船周游各处度过余生，将"此处不留爷，自有留爷处"的原则贯彻落实。结果我这"倒霉催的"，我变卖土地时忘记缴纳当年的赋税了。

# 于是几名看起来不太讲卫生的官兵把我抓进了肮脏的大牢。

我简直要抑郁了，这是我能待的地儿吗？这是我能过的日子吗？把我这么一个爱干净的人放这，不是要我老命吗？

狱卒给我送饭，我只是让他把饭碗举在他眉毛的位置递给我，**毕竟我真担心他一张口说话就把口水喷进饭里，没想到他竟然气急败坏，**

# 他竟然用铁链子把我锁在马桶边，让我一直闻令人极度恶心的臭气！

**想我家的厕所，都是用鹅毛遮挡臭气的，**我这辈子从小到大都没受过如此奇耻大辱！这段不堪回首的黑暗回忆直接搞得我出现了创伤后应激障碍，给我造成了难以磨灭的心理阴影。

**出狱后，我仿佛还能闻到那臭烘烘的马桶味，我只恨自己不能杀了那个狱卒，于是在这忧惧悲愤中，**
# 我患了脾疾。

青桐陰下一株石回槎
來者，未消展圖彷彿
寡影宵向燈前玩芭腰
窩此紙附老僕乞
蒲軒即景書圖上 丽

揉風石畔相
依氣味同數
百年未佛墨
慫恿就湔闹
祺萼々
己卯春月
治題

奉寧
仲素孝廉 草賦詩
竹漢南寮五月溪際大坐襄
想得此時寒户暖果園撲
栗棠園三徙踳

我 73 岁，身体的毛病好治，可心理的毛病真没辙啊。因为心理阴影一直伴随着我，**我没能熬过 73 岁，在一次病中不幸离世。**

我的作品《梧竹秀石图》

让我永世不忘的可恶的当权者叫**张士信**，

他是当时和朱元璋争权夺利的**张士诚的弟弟。**

可喜可贺的是，张氏兄弟没有战胜**朱元璋**，最终是朱元璋建立了明朝。虽然朱元璋后来也有意请我入京做官，但我依然坚持我的人生理想——"只傍清水不染尘"。

所以，我一定要告诉你们，我的洁癖不是无缘无故的。我也不是孤僻、假清高，我只是把文人身上的高洁和孤傲发挥到了极致而已。我管不了别人，只管自己。我是文人，我自会坚守住文人的底线！最后，我仍然要强调，爱干净是一种美德！

我的第一位忘年交是**张伯雨**，我为他画的是《梧竹秀石图》；

我的另一位忘年交是**黄公望**，他为我画的是《江山胜揽图》。

# 我还与黄公望、吴镇、王蒙
# 被后人并称为"元四家"。

我的代表作品还有《容膝斋图》《梧竹秀石图》《六君子图》《渔庄秋霁图》《幽涧寒松图》《古木幽篁图》等。

后人还将我为绘画总结的技巧心得整理成了《云林画谱册》和《云林遗事》。如果你们有机会去无锡坐地铁 2 号线的话，会看到有一站就是以我的名字命名的，就叫"云林"。

# 我叫倪瓒，号云林。

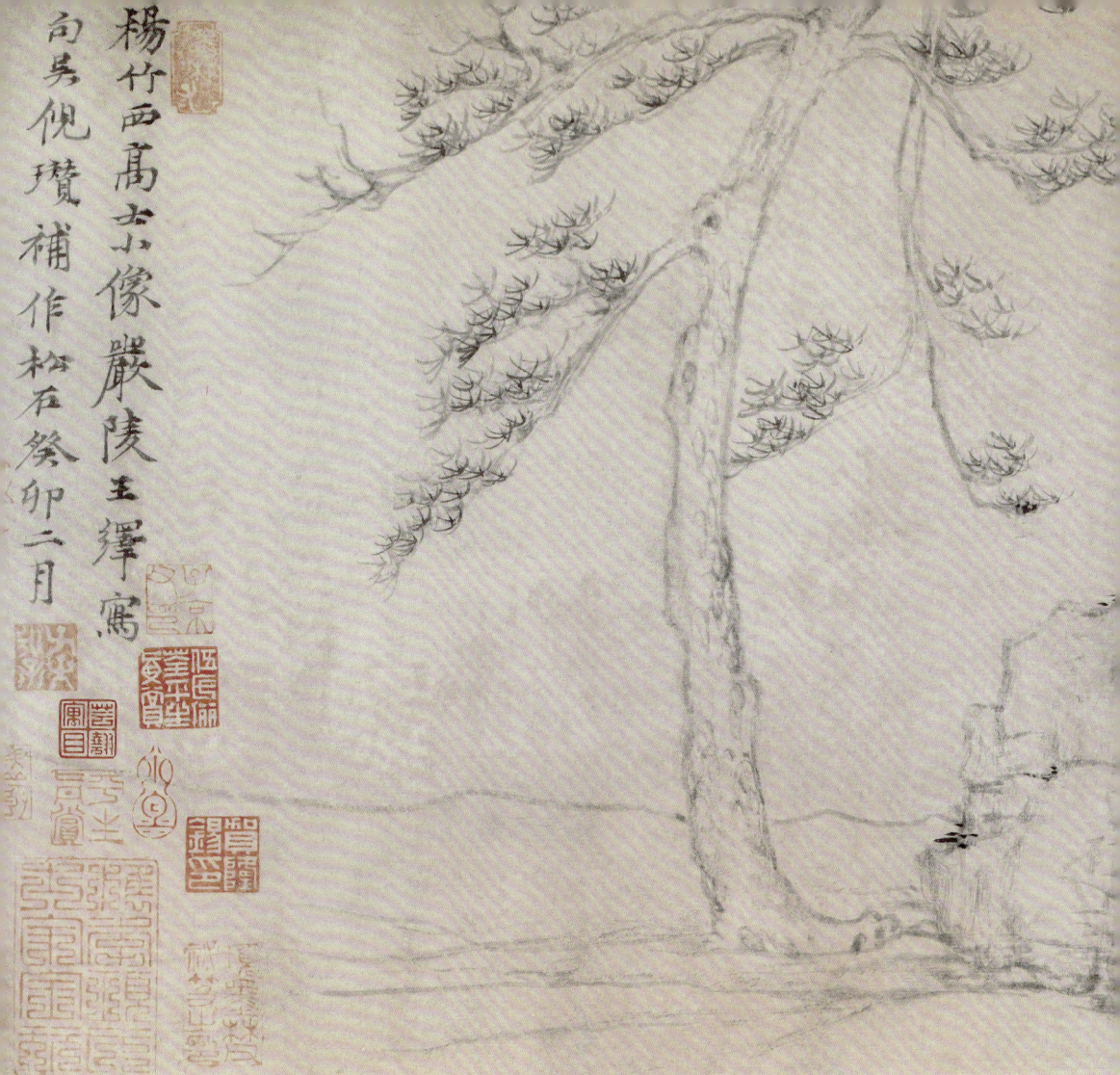

楊竹西高士像 嚴陵王繹寫

向吳倪瓚補作松在癸卯二月

# 一个彩蛋。

本人在此郑重辟谣。

**第一，我确实有洁癖，但没到变态的程度。** "洁癖到一辈子不结婚，无妻无子孤寡到老"是不实言论。我坚持认为，爱干净是一种美德，特别爱干净就是一种特别的美德，符合我艺术家的身份，请大家不要再放大我"爱干净"这件事了。

**第二，没掉粪坑，请辟谣，谢谢大家。** 传闻中说，朱元璋看不惯我爱干净的毛病，就把我投进最肮脏的厕所给溺死了，简直是荒唐可笑至极！不怕朱元璋从墓底爬出来说你们污蔑他小肚鸡肠吗？！此等荒唐言论真是令人发指！

不存在的

**这些谣言严重侵害了本人的名誉权，给本人生活和精神带来极大负面影响。应该把造谣者关厕所以示警戒。**

希望大家还是把注意力放在艺术家本身的艺术成就和造诣上，不要过分关注私生活。不信谣、不传谣，还艺术史一片净土是我们的责任和义务。

你好，我是沈周

"世上无难事，只要肯'躺平'"，我为"躺平"代言。明宣德二年农历十一月廿一，这一天是我的生辰。我出生在苏州一个富裕的大家族，因为我的曾祖父擅长经商，积攒出了万贯家财。在衣食无忧的基础上，自然可以自由充盈精神世界。

所以，我的曾祖父开始结交吴中一带的文人雅士，这也影响到了我的祖父，后来再到我的父亲，书画的传承就没有中断过。**于是自然而然的我也是在这种熏陶下长大。**

按照"商而优则仕"的说法，我的家族发展到这个程度，下一步的发展目标应该是让族人参加科举考试，进入代表上层社会的官场，彻底摆脱掉商人的身份。毕竟，古代讲究"士农工商"，商人的社会地位非常低。如果家族能够培养出走上仕途的人才，那简直就是"祖坟上冒青烟"，光宗耀祖了。

可一想到考试我就一脑门子官司，谁会喜欢天天学习、天天考试呀。嘿，好巧不巧，我的家族就比较剑走偏锋，"他强任他强，清风拂山岗"，别人爱咋活咋活，我们家就从不在意社会地位和别人的眼光，就拿着钱闷头活自个儿的，身为如此家族的后人真是不要太幸福。

**自我曾祖父开始家族就隐居吴门，一直在苏州相城里窝着，我家还有一条不成文的规矩，那就是绝不从政。**这在古代普遍重视科举的风气里，尤其是在传承兴旺的大家族中，

# 简直就是"一朵奇葩"。

要知道，自科举制度建立以来，有多少人通过这条路给家族带来了繁荣与振兴。这放在现代，就相当于其他人家的孩子都在努力备战高考，只有我家的孩子不参加高考也不出国留学，可谓"做自己第一人"了。

当然，我们家能这样是因为我的祖父更喜欢喝酒、吟诗的快活，不喜欢处处受约束的官场。所以，我的家族搞艺术，就是出于热爱，没有其他目的。有钱又有闲。

**毕竟搞艺术很难赚大钱，反而非常费钱。**我家收藏的书画作品不仅是当时吴下第一流，在全国也数一数二了。但我家的艺术藏品并不是为了收藏而收藏的，主要还是用于临写观赏的。

拥有这些藏品当然离不开祖辈的积累，我的曾祖父就是艺术鉴赏界的"大咖"，他还是元代一位著名画家的好朋友。我的伯父和父亲也是诗文书画的高手，在我们当地都是远近闻名的文化人。

我的作品《青绿山水轴》

俗话说，"物以类聚，人以群分"，自然他们也喜欢结交文人雅客，经常邀请朋友来我们家里进行"艺术交流"。所以，我从小就喜欢看父亲和伯父以及这些艺术家们作画。'

## 在这样耳濡目染的家庭环境下，我也对书画产生了浓厚的兴趣。

我的作品《雏鸡图》

我 7 岁时，长辈们还专门给我请了家庭教师，传授诗文绘画等方面的专业知识。**后来，我的作品水平甚至超过了启蒙恩师。**当然，这主要和我过人的天赋有关，我的记忆力非常好，可以说是过目不忘。我又爱读书钻研，涉猎的知识广而深，经史子集、医学卜卦、传奇小说，乃至佛教、老庄之学等我都会拜读。

这一年我 14 岁，我随父亲出游南京，呈上百韵长诗，并当场完成命题作文，帮父亲摆脱掉了粮长役差，还被认为是唐代才子王勃的转世再生。我能做到这些离不开家庭和老师的教育。早期专业的书画学习与训练，更是我后来成长为艺术大家的稳健根基。

**刚才我提到的粮长，你们是不是心里纳闷，这是什么官？还可能产生一丝质疑，我家"不乐出仕"的家规是不是被打破了？**

有所不知，虽然带个"长"字，但粮长不是官职，而是个吃力不讨好的苦差事，是帮着朝廷完成当地税粮征收和解运的工作。

我的父亲是被迫担任的，因为朝廷太"鸡贼"了，它规定地方上谁家是田地多的大户，就由谁家担任粮长。税粮收齐了还好说，收不齐就得粮长自掏腰包进行贴补。

**这不我家就摊上这倒霉差事了。父亲在任时，常常将这些杂事交给我处理。**

我的作品《春云叠嶂》

此时的我 27 岁，正当好青年。我不参加科举考功名，也不在当地找份好差事，天天读书、作诗、画画，在别人眼里我就是一个游手好闲的待业青年。**苏州知府不想"人才浪费"，就向我抛出了"橄榄枝"，说要举荐我去当官，这简直就是块烫手山芋。**

大家也都能看出来，我是个懒散淡泊、不爱应酬的人，不适合在官场上为权力奔波忙碌一生，我得想个不得罪他的办法脱身才行！

于是，我借口说用《周易》给自己算了一卦，卦象上显示"嘉遁贞吉"，我实在不适合当官，最终推辞了这份"抬爱"。不过，这也给了我一个警示，我得赶紧找个地方"猫起来"。不然，顶着个名门望族的头衔，说不定哪天又来个关心社会待业青年的热情长辈，那**我可招架不住，总不能每次都以算卦为由进行推脱。**

我的作品《东庄图册》局部

荷花燕者折荷排翻意閒花葉交
飾云楣而清茶滥席珠列畫豆席
之中四面犖見克墓丁樂客帝离之
為樂逸散常為楬名丰美予淮陽
來特宿日城中未葉桃敢首山
客三人湖州逮而吾常真花卉園相
常博士高花尺纪也詩叢竹布帷廢
風弛不減池間燕兼绵缑令
此詩雖感而圖末阮客各散為寰乙
閒桃妄酒張敕敘後詩
柯僧美林喜画手連仙子新閒壹
尼紅安字兩桐黑奉客宕请風
閒宿田太来治于誠盖婁毫竈之進情
驚若為一槭曽如维骅伪耶傲餘
敢昚為作者之樂不羘当文以合之城
而者作者之樂不羘当無戚慨也遂補
其圆重錄荀作葘為故事云沈周

**没想到，在景泰 6 年，我又被迫担任起倒霉的粮长一职，** 自此开始了这长达六年的苦差事。

当时天灾人祸不断，平民百姓多数都交不上田赋，我作为粮长只得掏空家底代偿缴纳税粮，还让妻子变卖她心爱的饰物，**可还是因凑不齐五百被关进了大牢。**

最后还是好友将税粮补齐了才被释放出来，**你们说我招谁惹谁了！**

1455年

我的作品《瓶荷图》局部

**直到天顺五年，我终于卸任了粮长，把我开心坏了！** 这么多年终于熬出头了！我终于可以光明正大地"摆烂"了！我创作了《息役即兴》等多首诗来表达我解脱的心情，只是我的生活质量难以回到从前了，我还长出了令人感伤的白头发。

## 这都是这几年干粮长给我焦虑的！

为了远离凡尘俗世的纷扰喧嚣，我就从苏州城里搬到50里外的乡下，"去湖三里近，种竹万竿馀"，人不可居无竹。**我就在祖宅西边建了一个小庭院，过上了陶渊明式的田园隐居生活。**

在这里，我可以安静地写诗作画，朋友也可以来此与我探讨艺术。我终于过上了我梦寐以求的好日子！

## 终于可以自由自在做自己了！

从此我开始与乡邻农田相伴，农作其实并不是苦事，反而有助于修身养性，更是我书画创作的灵感来源。所以我才会写出"和风拂田稚，蕊蕊行复粒。儿孙候归来，竹户灯火夕"这样的诗句。

什么是快乐星球？什么是幸福生活？我不知道别人是如何想的，反正我想要的生活就是衣食无忧、儿孙满堂。我这一亩三分的小院儿就是我的快乐天地。

田园劳作让我学会了很多生活技能，比如酿醋造酒、炒菜做饭。还让我的绘画作品不再局限于山山水水，田园生活里的日常琐碎也被我画进了作品里。

我的作品《青绿山水轴》

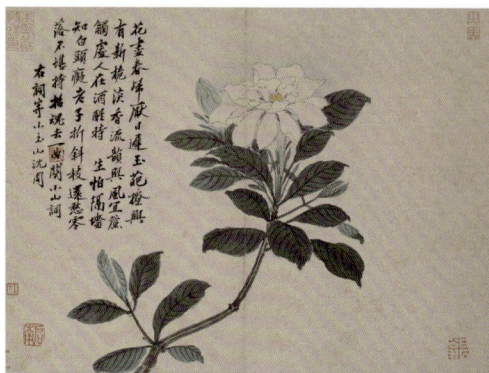

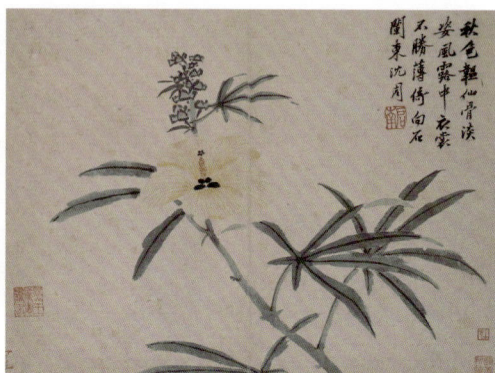

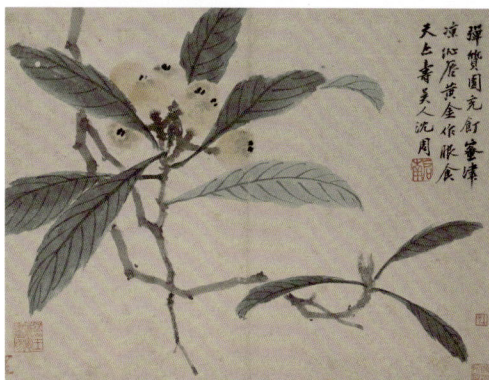

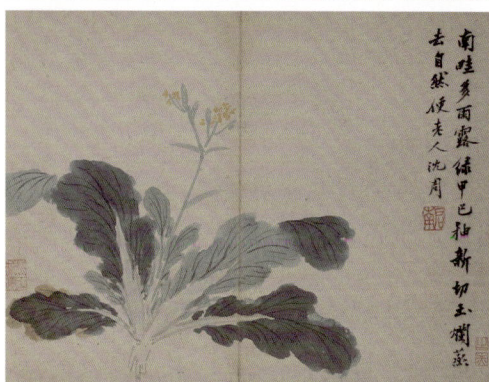

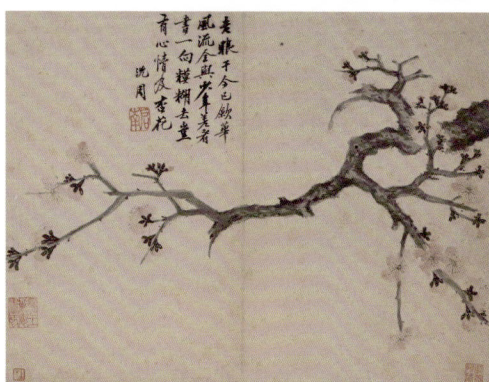

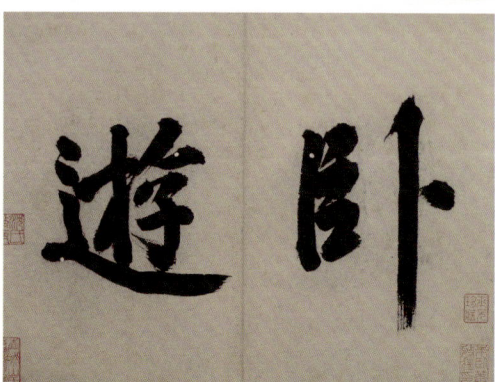

我的作品《卧游图册》

我种的农田、我住的乡舍、我养的鸡鸭、帮我犁田的老牛、我吃过的蛤蜊、我养的黑猫、我爱吃的白菜等，都被我一一绘制在了画纸上。我创作了很多幅蔬果画。

我的作品《辛夷墨菜图卷》

我最喜欢的水果是杨梅，有一次我特意画了一幅杨梅画，**送给了我一个不喜欢吃杨梅的学生，**

# 让他看看杨梅好看又好吃，
# 没有理由不爱它。

杨梅配虫更鲜美哦

我的作品《青园图卷》

**聊到绘画，那我还是有一些"发言权"的。除了客观环境"给力"，我自己其实也在这方面付出了很多心血。**

在绘画的道路上，早期我都是一心一意临摹、学习前人大师的作品，谦虚求教是一个艺术家的必经之路。比如，我主要学习以"元四家"风格为主体的传统文人画风格。后来"素善诸家"博采众长之后，我慢慢形成了自己的绘画风格。而且，只要画画我基本上都会不由自主地题诗，"语语都在目前"。所以，后来我对书画的洞见就是书画在"寄兴云尔"，即兴抒发，不能拘于形式。

**慢慢地，我的书画作品逐渐被世人认可，很多人开始模仿我的作品，还经常上门来求画。当然，不管来的是高官名士，还是贩夫走卒、平头百姓，在我这里都被一视同仁，我都会友好接待。**

对于我这喜好清净的性子，这络绎不绝的求画之请确实会让我感到乏累，我只想做一个安静的"宅男"，谁知道我这老好人的性格不许我"岁月静好"，我又不忍拒绝他们。苦恼疲惫之余，我就写诗调侃自己，"天地一痴仙，写画题诗不换钱。画债诗逋忙到老，堪怜，白作人情白结缘。"

**不过，对于权贵多次想让我出仕做官的请求，我都以母亲年迈不能远游为由一一拒绝了。**

## 对做官"过敏"了，
## 这辈子都不想当一天差！

这一年,我的启蒙恩师 70 大寿。时间过得可真快,恩师教我时我才 7 岁,如今我都已年过 40。因为恩师祖上江西,他又常以"庐山陈汝言"自称,所以,我模仿大画家王蒙绘制山石林木的笔法,为恩师精心绘制了一幅巨幅山水画《庐山高图》。**在这幅画中,站在溪水前仰望庐山瀑布之高的老者就是我,以此来表达我对恩师栽培我的感激之情。**

**随着年纪变大,身边亲人好友不断离世,让我对世事看得越来越淡泊、透彻,凡事也不会放在心上过多计较,努力追求"平和"二字,换取余生更多的清净。**

在我 72 岁的时候,我在小庭院里继续过着平淡的日子。突然有一天,新上任的太守突然征用我为画工,去给他的府宅绘画装饰。我的好友听闻此事,非常气愤,大骂这个新太守有眼无珠,竟然让我去做这等下贱差事还完全不顾我年迈的身体。他这样为我抱不平我也理解,毕竟以我的出身,高端人脉自然是差不了的。跟我一起玩耍的小伙伴不是内阁大学士(李东阳)就是,文渊阁大学士、户部尚书(王鏊)。他建议我赶紧写信告知他们,好好教训一下这个无知小儿。我其实一点儿也不生气,还这么回应好友,"往役义也,岂有贱哉?谒而求免,乃贱耳。"

服劳役就是义务嘛,不算是下贱差事。从艺术角度看,我这还是搞建筑装潢设计呢!如果让我去求权贵,这才是真的卑贱。于是,我每天乐呵呵地去太守府画画,非常享受这份新工作,最后还赚得了点儿"外快"。后来这位新太守得知自己没搞清楚状况,亲自上门拜见并跟我了道歉,我更是知道他是无心的,"不知者不怪"嘛!

我的作品《庐山高图》

**1509年**

明正德四年（1509年），我以82岁的高龄辞世。若说"高龄"，还得是我母亲，她老人家活到了99岁，只比我早走了4年。我这一辈子，虽然没有选择世俗上的康庄大道，几乎都在读书"作诗"画画，但是这些都是我自己喜欢的，自认为也算拥有了一个诗情画意的"躺平"人生。

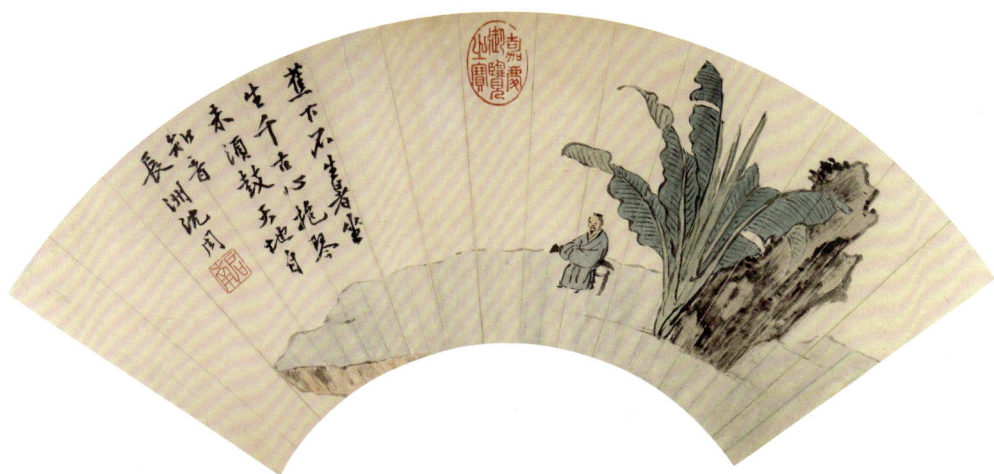

辞世前我预感我大限将至，于是在74岁时绘制的《白石翁小影轴》自画像上补了题字，其中我写道，"似不似，真不真。纸上影，身外人。死生一梦，天地一尘，浮浮休休，吾怀自春。人谓眼差小，又说颐太窄，但恐有失德，苟且八十年。今与死隔壁……"回想我这一生，好像没有做过什么失德之事，"吾怀自春"足矣。

## 完全就是接近完美的一生嘛！

我的曾祖父叫**沈良**，沈家的文士之风就是从曾祖父开始的。

我的祖父叫**沈澄**，"性嗜诗酒，以诗名江南"。

我的父亲是**沈恒吉**，伯父是**沈贞吉**，都是画家。

我的启蒙恩师叫**陈宽**，也是我沈家世交。我的书法模仿的是**黄庭坚**。

我学习的"元四家"是**黄公望、王蒙、倪瓒、吴镇**。

## 其中我最喜欢模仿倪瓒。

我是吴门画派的创始人，与**文徵明、唐寅、仇英并称"明四家"**。

其中，文徵明就是我的正统学生，就是他不爱吃美味的杨梅。唐寅也曾在我门下学艺。

我住的小庭院叫有竹居，你们可以称呼我"白石翁"。我字启南，号石田。

## 我叫沈周。

我模仿王蒙的山水图

你好，我是唐伯虎

艺术家和艺术品通常是被结合在一起的，提到艺术家的名字，会让人直接想到他的代表作品。不信？比如：说到达·芬奇，会让人想起《蒙娜丽莎》；说起凡·高，会让人想到《向日葵》；提到齐白石，便会让人想起虾。

但是我呢？每每提到我，**人们只会用《风流才子》来形容我，**对一辈子没触碰过这个词的我来说，真是叫人无奈。

# 今天，在此我要告诉诸位，我不是你们想的这种人！

**1470年**

在苏州这个"盛产美女"的地方，一个男婴出生了，是的，就是我。**人有两方面是无法选择的，那就是"颜值"和家庭。**我的父母经营着一家小饭馆，听起来很富足，但在当时重农抑商的时代，我们也仅仅是吃穿不愁而已。

我属于普通家庭中的普通孩子。但父亲想到自己尴尬的社会地位，便希望我能为家族反转命运。于是家父"咬牙跺脚下血本"请来老师教我读书。

我的作品《秋山高士图》

# 我先给大家普及一个绘画小知识：

苏州过去是吴国的故都，所以人们把在苏州云集的画家统称为吴门画派。后来美术学家统计说：受苏州画风影响的画家有1200多人。

可以确定，吴门画派是中国第一大画派，有着众多的"铁杆粉"。在这个画派中，我可是最杰出的、知名度最高的成员之一哦！

我老师的作品《饮鹤图》

我的老师是当时有名的大画家。但谁能想到，天赋异禀的我很快便超越了他，我也算是"给本不富裕的家庭省了一笔开销"。

# 16 岁的我参加秀才考试，荣获了第一名的傲人成绩。

我瞬间名扬四海，十里八乡的小伙伴们争相约我玩耍。此时的我有些"小膨胀"。这也不赖我，少年得志嘛，约酒、约歌、约画…… 人称"孺子狂童"便是我！现在想想，谁还没年轻过。正所谓惺惺相惜，很快我在苏州结交了几位才子，他们对我的一生都有着深刻的影响。

**第一位朋友的父亲对我影响很大。他老爹中过进士，做过官，也非常喜欢我，视我如己出。**

**我的第二位朋友，他博览群书，书法上的造诣更是不得了。**但他玩世不恭，称他为"风流领袖"也绝不为过。他比我大 11 岁，最初我们只是师生关系，后来不知怎么就成为"好基友"。我们游山玩水、吟诗作对、赏花观鸟好不快活。只恨当时没有朋友圈，不然诸位也能开开眼。

**我的童年是美好的，这个美好时光持续到我 25 岁那年。这一年我先后失去了父母，这些打击足以击垮我。当我鼓起勇气准备面对未来人生时，老天又无情地将我的发妻与妹妹夺去。**

面对这样残酷的现实，我万分痛苦绝望，恨上天如此捉弄我。朋友们纷纷宽慰我，不厌其烦地告诉我"生活不只是眼前的苟且"。他们希望我不要放弃，还助我走科举之路考取功名。可正当我准备振作、发奋苦读时，

# 我哪里知道，更大的打击还在后面等着我。

这一年我 28 岁，我决定前往南京参加乡试。在这里我先给大家普及下我们那时的考试制度。**正式的科举考试分 3 级：乡试、会试和殿试。** 乡试是省一级的考试，只有秀才能参加（秀才这关我可是 16 岁就过了）。考中的考生为举人，举人的第一名叫解元。中举那可是一件大事，中举就有资格做官！有人知道《儒林外史》吗？里面的"范进中举"，就是指范进通过了乡试。

会试，就是全国范围的考试，在京城举行，只有举人能够参加，第一名称会元。乡试、会试每 3 年举行一次。

所谓殿试，就是皇帝亲自主持的考试，考生考中后统称进士。殿试分三甲录取，第一名俗称状元，第二名俗称榜眼，第三名俗称探花。

结果你们猜怎么着？一不留神我高中举人，还是第一名。

## 从此便有了"唐解元"这个称号，

大家都赞我是江南奇士，前途无量。也是在我高中解元的这年冬天，我信心满满地坐船去往京城，准备参加第二年的会试。**都说"百年修得同船渡"，不知道哪来的孽缘，让我在船上碰到一个"扫把星"！**

他也是举人，可能比我早 3 年中举，我们二人都对科举之路十分憧憬。每当士子们抵京后，基本都把自己关在房间里做考前的最后冲刺，盼望着金榜题名。

而在我俩心中，这就是十拿九稳的事儿。要问我们哪儿来的自信？那就是我的才华横溢和他的家财万贯啊。就这样我俩带着厚礼去看望了未来主考官，当然我俩心里想的是去拜访未来的同僚，毕竟官场上多个朋友多条路吗。这一聊不要紧，我们仨惺惺相惜别提聊得多投机了，考前的日子我们就这样在饮酒赋诗中度过。

**考试如期举行，但考试结束后，却出了大问题。**有人举报说主考官漏题给"扫把星"，而"扫把星"又将题目告诉了我。科场舞弊，在当时可是掉脑袋的大罪，我们都被抓到狱中，在锦衣卫的严刑逼供下，这兄弟的口供一变再变，一会儿说自己花钱买的题，一会儿说这纯粹是冤案，我们绝未作弊。

最终一场科场大案，以"各打五十大板"结案。**主考官承受不了内心的屈辱，再加上病发，含冤去世了。**

直到我年近 40 的时候，这个案子才有了最终的结论，

## 终于证明了我的清白。

原来当年那个举报的人是受人唆使的。哎，怪就怪在当年我俩锋芒毕露，得意太早，妒忌我俩之人无数。**官府最终也没给我们个说法，只是把举报的人降级了。于是这件事便不了了之。**

经过牢狱之灾，我虽然获释，却被贬为吏。不要理解错了，人们都说"官吏"，但这个"官"与"吏"区别可大了，

## 所谓"吏"，只不过是一个打杂的。

想想都"恨得慌"，原本高中解元的我，一天官都没做，便被贬为吏，这叫什么事儿啊！

我灰头土脸地回到苏州，迎接我的只有嫌弃的白眼和恶毒的耻笑。世态炎凉啊，我往日的风光不**在了。曾经憧憬的披红戴花、荣归故里、万众簇拥，曾经幻想的妻子的欢笑、朋友的祝贺、邻里的仰慕，全成了泡影。**

我续娶的妻子是名门闺秀，她本想凭我的才华享一世荣华富贵，现在跟我也只能"画饼充饥"了。**所有的期待都成了空想，她天天看我不顺眼，最终离我而去。**

我的作品《烧药图》局部

罢了，没有爱情的婚姻不要也罢。渐渐地，我对自己的未来心灰意冷。

## 决定后半生寄情山水，以诗文书画聊以为生。

这一年我自以为有了小转机，宁王（明宗室）高薪聘请我到南昌为他效力，但我后来发现宁王有谋反之心。**我意识到问题的严重性，警告自己无论如何也不能卷进这场政治斗争中，于是装疯卖傻，终于离开了宁王，只能继续做起了自己的老本行，靠卖字画为生。**攒了些积蓄后，我寻到一处山清水秀的地方，在此盖了一座简陋的房子，

## 取名为"桃花庵"。

并写了一首诗。

桃花坞里桃花庵，桃花庵里桃花仙。桃花仙人种桃树，又折花枝当酒钱。
酒醒只在花前坐，酒醉还须花下眠。花前花後日复日，酒醉酒醒年复年。
不愿鞠躬车马前，但愿老死花酒间。车尘马足贵者趣，酒盏花枝贫者缘。
若将富贵比贫贱，一在平地一在天。若将贫贱比车马，他得驱驰我得闲。
**世人笑我太疯颠，我笑他人看不穿。不见五陵豪杰墓，无花无酒锄作田。**

此后我多年未娶。

直到我 40 岁时，我遇到了人生中的红颜知己。**正当我沉浸在幸福中时，她却去世了，我**简直如"五雷轰顶"。于是我整日精神恍惚，借酒消愁，最终喝坏了身体，卧床不起。

病床上的我不能再作画了，我的生活变得愈发艰难，我心情郁闷，便继续借酒消愁，**如此恶性循环，生活变成了煎熬。**

1523年

# 我在贫病交加中去世，那一年，我 53 岁。

我的作品《悟阳子养性图》局部

朋友慷慨相助，将我埋葬在桃花庵附近。

回顾我的一生，仕途坎坷，生活贫困凄凉，但在后人的印象中，我却是一个风流倜傥、身边美女如云的公子哥儿，

# 谢谢大家如此瞧得起我，
# 我多希望这都是真的啊……

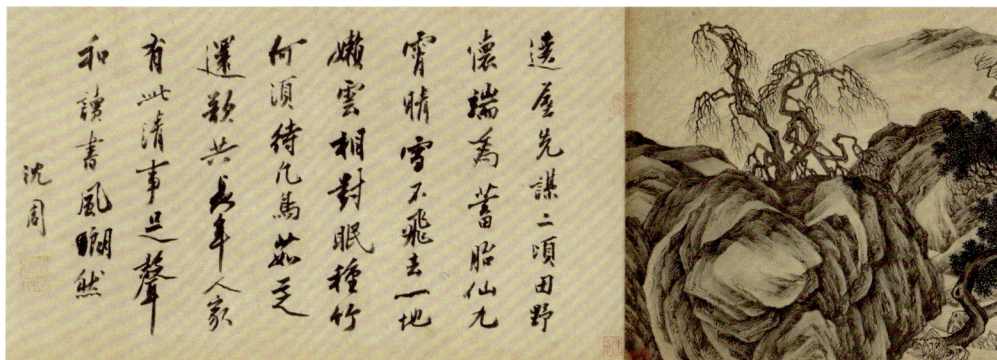

我的绘画老师是明朝画家、吴门画派的创始人，**沈周**。

我提到的第一位朋友是**文徵明**，据说他的父亲文林很有可能是文天祥的后人。

那位风流的好朋友是大家熟悉的**祝枝山**，

**也是他将我安葬在桃花庵的，得此挚友此生足矣！**

和我同船的"扫把星"是**徐经**，明代有个大旅行家叫徐霞客想必大家都听说过，这个徐经就是徐霞客的高祖。

当时考试的主考官是**程政敏**，我真不该接近他。

对了，举报诬陷我们作弊的考生叫**都穆**，后来我仔细回想，坐船的时候他就在暗中观察我们了，我恨这个小人。

我 40 岁时遇到的红颜知己叫**沈九娘**，你们后来看小说，说我有 9 个老婆，她们都美若天仙，

**这个说法想必就是从"九娘"演绎出来的。试想，一个连饭都吃不饱的人又如何能娶得 9 房妻妾呢？**

# 大家一定觉得我忘了一个很重要的人——

## "秋香姐"，

**我本不想让大家遗憾，但我确实不认识她，至于我与她的故事，压根儿就不存在。**

而我，就是你们口中风流倜傥、才华横溢的江南四大才子之首，诗、书、画三绝，实际上却是一无所有、贫困凄惨的倒霉蛋！

**我是唐寅，**
因虎年出生，又是家中长子，所以大家亲切地叫我

## 唐伯虎。

我乃一颗倒霉蛋

你好，我是仇英

"我是一个粉刷匠，粉刷本领强。我要把那新房子，刷得很漂亮。"虽然我是个底层的小人物，我只是个装修房屋的油漆匠。但那又怎样？我的眼前不止墙根和苟且，还有着宏大的梦想：**我要成为一名画家。**

即使在别人眼中，我的工作就是每天给房屋刷刷油漆、做做装饰的体力活儿，但我并不这样认为。在我眼里，我从事的事业是工艺美术设计，而我每天是在做着精心雕琢的艺术创作。

我认真地调色、绘制，一丝不苟地完成着自己的作品。可能正是因为我这份认真工作的样子，吸引住了人们的目光，**我的才华就这样被发现了！这大概就是"越努力越幸运"吧！**

我遇到了我人生中的第一个"贵人"，进而遇到了第二个、第三个贵人，**这是不是冥冥之中注定我必成大业？**

在前辈们的指引下，加上我一路的勤勉，就这样，我从一个小漆匠，翻身跨越阶层，

# 最终实现了我的绘画梦想，
# 成为绘画史上的一代宗师。

我的作品《兰亭图扇面》

## 1498年

"出名要趁早"，更要看出身。因为我出身底层，史册上也没记载我的具体出生年份，我大概生在明弘治十一年（1498 年）。

我的老家是江苏太仓，我的家庭条件一般，很小的时候我就不读书了，不过我非常喜欢绘画。我十三岁便跟着父亲出来打工了。我的父亲是工地上的漆匠，漆匠的工作其实就是等房屋建造好后，给光秃秃的木梁建筑涂上彩漆，也就是你们今天所说的装潢设计。

虽然别人不太瞧得起这份工作，毕竟又脏又累，还没什么前途，毕竟但我觉得还不错，初入职场我就做上了和我爱好一致的工作。**看看当今社会，很多人年轻人常年干着自己不喜欢的工作，这么一对比，当时的我足够幸运。**我对待这份工作也非常卖力。

漆匠不只是体力活儿，还是个技术活儿。要学识色、调色和设计图案，还要经常替客户跑腿，比如去画商、画店做一些采购。

外跑采购的时候，是我最开心的时候，因为我能看到很多名家的绘画作品。所以，一遇到采购的机会，我总会特别珍惜，在那些名家大作前欣赏揣摩，久久不肯离去。当然，待久了可能还会收获店老板的无数白眼和嘲讽，不过我不在乎。**空闲的时候，我还会去偷看名画，远远地描摹。**回想起来，那段时光我每天都过得充实又快乐。

我的老家是个小城，小地方的学习资源相对匮乏，后来那些少有的名家作品已经不能满足我的求知欲了，

# 我能忍受贫穷和劳累，
# 但不能忍受没有精神食粮。

于是，正德十二年（1517 年），在我十八九岁的时候，我决定离开家乡太仓去当个"苏漂"，去往**我心中的绘画圣地——繁华的苏州城。**

听说那里艺术氛围非常浓厚，还有很多绘画居住在那里。就此我告别父母前往苏州。**越远离故土，我就越发坚定，**

# 这次我一定要为了梦想全力以赴！

我的作品《桃花源卷》局部

"上有天堂，下有苏杭"，苏州果然是我想象中的艺术殿堂，甚至比我想象中的还要好！我打听到桃花坞是苏州城最活跃的艺术地带，就相当于北京的 798 艺术区，这里手工作坊非常多，应该不愁找工作。更重要的是，我早听闻，**这一片坐落着很多画家的府邸，就连艺术界最活跃、最有名气的吴门画派都在此云集。**

因为有工作经验，我很快就在一家手工作坊找了份漆匠的工作，继续干着老本行。不过，工作之余，我晚上会努力提升自己的绘画技能，有时作画太专注会干个通宵。好在我当时年轻，这样做并不会影响到我的发量，也不会影响我第二天的工作。

一有空闲，我还会在繁华地带铺个摊位边画边卖，既可赚点儿外快又能提升自己，何乐而不为呢？就这样，无论工作内外，我都不会放过任何时间提升自己的绘画技能。"功夫不负有心人"，来苏州的第一年，

# 在一次作画时，
# 我很幸运地遇到了我的第一个"贵人"。

我的作品《桃花源卷》局部

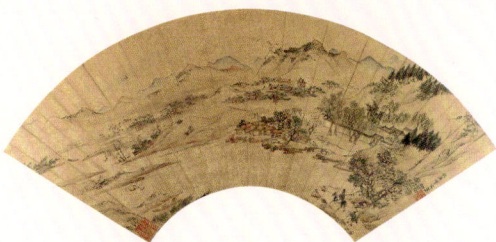

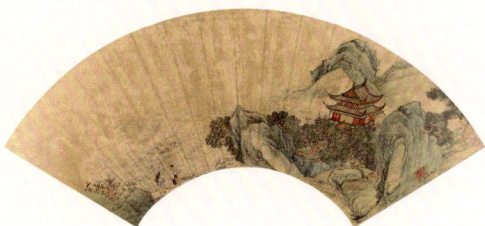

这位贵人比我年长 30 岁，但是他博雅宽厚、平易近人，并不因为身份之别而小瞧我，反而大力提携我这个出身卑微、学识浅薄的小后生。

他还邀请我一起创作，我真的是诚惶诚恐，丝毫不敢松懈，**但因为太害怕辜负恩公的知遇之情，反而两番都没有达到恩公指定的标准。恩公在艺术创作上要求严格，毫不留情，伤到了我的自尊心，我非常惭愧自己学艺不精。于是，我更加刻苦学习绘画，恩公也不吝赐教。

恩公还把我带入了他的朋友圈，要知道恩公就是吴门画派的创始人之一，他的人脉资源简直就是宝藏。我与恩公的朋友、子侄和门徒等很多文人也都成了知交。他们也经常和我一起创作绘画作品。不过，因为我学识尚浅薄，更不精通书法、题跋，**所以，我从不在他们的画上作跋。即便日后成名创作的画作，我也只是简单署款，不会题跋赋诗。**

1523年

嘉靖二年（1523 年），恩公要进京入职。我非常舍不得恩公，但我只是个刚刚迈入绘画行业的小画师，也没有能力跟着恩公。没想到恩公早就为我安排妥当，他将我推荐给了一位名师，这位名师教导出了一位赫赫有名的学生。我有幸拜在名师的门下，真的是三生有幸。

我的恩师擅长画人物和山水，画法严整工细。**有了恩师的指点，我的绘画技法上的很多瓶颈都被巧妙化解了。**

恩师让我不断临摹唐宋名画，在临摹中我主要学习了"院体画"，精通了宫廷绘画的技巧和方法，这其实正好发挥了我一丝不苟、坚持工匠技艺的优点，

# 我的绘画变得越来越严谨，
# 打好了稳健牢固的绘画基础。

都说"三十而立"，在 30 岁后，我终于学有所成，可以出师了！再加上人脉的积累，在苏州艺术圈里我慢慢站稳了脚跟，获得了一席之地。于是，我的交际圈随着我的名气上升也开始变大，很多巨商富贾邀请我去他们的居所宅舍作画，我欣然应允。

我不同于恩公、恩师他们这些出身名门的文人，我出身贫寒且已经生儿育女，我还得靠卖手艺养家糊口。所以，无论是自己的老本行——漆匠的活儿，还是画师作画的活儿，只要价钱给到位，我一般都不会拒绝。而且，这两项活儿通常是很多有钱人家的需求，**既能赚钱贴补生活，又能做着自己喜欢的绘画工作，还能食宿全包，真是两全其美阿。**

我曾在有着中国书画史上"最大私人鉴藏家"之称的雇主家里一待就是十几年，只因他家收藏了太多古贤真迹。**我简直就是如鱼得水，仿佛一下子扎进了艺术的海洋，在这里我继续临摹名家名作，精益自己的绘画技法。**

我的作品《桃源仙境图》局部

**1542年**

嘉靖二十一年至二十四年（1542—1545 年）期间，我有幸欣赏到了《清明上河图》，

# 于是，我开始创作苏州版的《清明上河图》，

画卷中描绘了苏州城远近郊、城内、宫城等地 2000 多人共度清明佳节的情景。

我的作品《清明上河图》局部

# 我还创作了一幅长卷作品《汉宫春晓图》,

我在这幅长达 6 米的图画里,描绘了 100 多位嫔妃们的日常生活,**听说我这幅画还被后世评定为中国十大传世名画之一。**不过这样的客居打工生涯其实也有不完美之处,"打工人没有打工魂",那就是我作画的主题风格不能自己做主,很多时候都得听从雇主的意思,很难有助于增进自己的画技。毕竟干"乙方"的不能对"甲方"挑肥拣瘦。

庆幸的是，我晚年遇到了一位最懂我的"知己"雇主。他不干涉我的创作想法，任由我自由发挥。更重要的是，等到交稿期限临近，他也不会催促我！如此佛系，他就是我这一生中遇到的最佳雇主！"甲方之光"！我决定要绘制更多更好的作品来报答"知己"雇主的知遇之恩。因此，即便他给我提供了很多享乐的机会，**我也不为所动，专心钻研作画，最终创作了很多作品。**

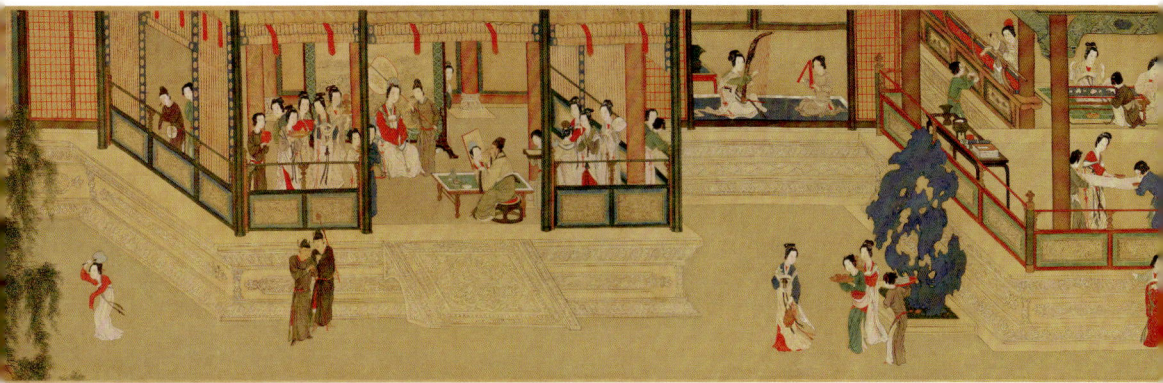

我的作品《汉宫春晓图》局部

在嘉靖三十一年（1552 年），我创作完成了巨幅群体人物画《职贡图》。

我的代表作还有《桃园仙境图》《赤壁图》《玉洞仙源图》等。

我第一个贵人是**文徵明**，明代画家、书法家、文学家、鉴藏家，他诗、文、书、画无一不精，

他与**沈周**共创了**"吴门画派"**。

他人真的很好，我也非常荣幸的和他并列为**"明四家"**。

我的恩师是**周臣**，中国明代著名画家。他教导的名徒之一是**唐寅**，就是传闻中风流倜傥的

**唐伯虎。** 不过听恩师说，他本人其实一点儿也不风流。

有中国书画史上"最大私人鉴藏家"之称的是**项元汴**，也叫**项墨林**，他不仅擅长经商，还好古博雅，会书画、精鉴赏。在他家生活的十几年，让我受益颇多。

我的人生最佳"知己"雇主是苏州富豪**陈官**，他也是当时有名的收藏家。

我将"人迹于山"山水画形式推向了顶峰。

我的女儿继承了我的衣钵，成为一名女画家，我女儿名叫**仇珠**，她的代表作有《白衣大士像》《青鸟传音图》《画唐人诗意图》等。

我字实父，号十洲。

我叫**仇英**，仇不读 chóu，读 qiú。

我的作品《莲溪渔隐图》局部

你好，我是徐渭

我的一生，可以说是"天不遂人愿"的放大加长版，但那又怎么样？哥就是要逆天改命，**向苍天大喊三声："我命由我不由天！"**

**吃得苦中苦，不一定能成为人上人。**"天生我材"也不一定会"有用"。纵览我这一生，可谓把人世间的所有苦难都尝遍了。咱就是说，我要是个平庸之才，也就罢了，"世上无难事，只要肯'摆烂'"。可叹我满腹才华与抱负，却始终无处施展、无人问津，这是何等的憋屈！即使后来那些仰慕我的晚辈口口声声自称"青藤门下走狗"，还"恨不生前三百年，为诸君磨墨理纸"，谁稀罕你们这些"马后炮"？哥在世时哪怕能享受到一丁点儿如此待遇，也不至于叹一声我的命好苦！接下来就给你们摆一摆我这一生的坎坷磨难，或许你们就羞愧再提什么"人间不值得"了。

# 我的人生自我出生起就注定是个悲剧。

1521年

在绍兴府山阴县一个没落家族中，有位同知（相当于现在副市长）晚年纳妾生了个男丁，这个男丁就是我。按理说我父亲老年得子，我会在父母的宠爱中长大，可惜，**在我出生百日后，我年近半百的父亲便过世了。**

我当时的嫡母苗夫人一直无所出，便把我放到身边抚养，说是抚养，在这种寄人篱下的生活中，我更像她的出气筒。要我说这女人之间妒恨起来是真的扛不住，都是一家人，一天八百个心眼子这日子可怎么过！她把嫉恨我母亲的矛头也对准了我，唉！

**我** 10 岁时，苗夫人以家道中落为由把我的母亲赶了出去。面对自己的母亲被驱逐，年幼的我无能为力。

我 14 岁时，我嫡母去世，我开始跟着我父亲第一任妻子所生的哥哥生活。我们虽然是同父异母的兄弟，但没有什么手足之情，相处起来并不愉快。

回想我的童年乃至青少年，我都没有得到过亲生父母的疼爱。再加上嫡母对我母亲的嫉恨，她常常拿我出气，我每天都在谨小慎微地过日子。

## 这种寄人篱下的忐忑日子，
## 最终使我变得郁郁寡欢。

我的作品《蟹鱼图》

我的作品《杂花图》局部

但好在"东边不亮西边亮",人不可能什么都有,就也不可能什么都没有,咱虽然没生在一个好的原生家庭,可好在我自小天资聪慧,文思敏捷的优势。我6岁读书,9岁便能作文,**被当地的绅士们称为"神童",甚至将我与东汉的杨修、唐朝的刘晏相提并论。**

这让在家庭中得不到重视的我非常受用。"天生我材必有用",我单纯地以为,老天爷给可怜的我单独开了一扇光明之窗,终有一天我会飞黄腾达。那么,**就让我在科举考试中一鸣惊人、改变命运吧!**

可万万没想到,在科举的道路上,我竟然会屡遭挫折。从16岁到41岁,我参加了9次考试,除了第二次恳求主考官允许我复试考中秀才,其余8次均以败北而终。

我想要靠自己的能力"出人头地"的愿望算是破灭了。毕竟我所处的时代，改变命运，几乎只能通过科举考试这座独木桥。

## 我这些年的青春与努力，终究是"错付"啦。

我拼尽全力也没能走到这座独木桥的对岸。我想不通，我看不破。黑夜中，我控制不住地怒吼，质问老天爷为何对我如此不公。白天里，我通过诗文来抒发我的情绪，所以在我的诗文中，你们可看到我的恣露胸臆、奇傲纵诞，我的诗文有超轶千古的不羁之感。

你们以为这样我就放弃"逆天改命"了吗？错！靠自己不行咱就靠别人。

## "只要思想不滑坡，办法总比困难多。"

## 既然仕途走不通，
## 我就琢磨着借助婚姻来改变我的命运。

20 岁那年我放弃所谓男人的尊严，选择入赘绍兴富户潘氏。
于是，我开始跟着任典史的岳父去广州做事，协助他办理公文。

我 25 岁那年徐家已无权无势，家里的财产和田地早已被无赖恶霸抢了去，**6 年后，我的妻子得了一场大病离我而去，媳妇没了这婚姻也靠不住了。不得再次感叹，哥的青春与努力，又一次错付啦！**

为了谋生，我先去了江苏，但人生地不熟，只得空手而归。我又寻思着虽然我考试的结果不灵光，但我可以指导别人考试啊，毕竟我有着丰富的实战经验，于是我开设了一家私塾——"一枝堂"，招收学童来维持生计。

后来我还找寻到了新的精神寄托，我开始追随季本、王畿等人，研习王守仁的学说。

## 此外还有件让我开心的事，
## 那就是我将流浪在外的生母接回了家中。

**1554年**

**我在钻研学问的同时，也十分关心当下时局。**
这一年，倭寇进犯我浙闽沿海，我的家乡绍兴府成为烽火之地。我平时就喜欢看兵法，这不，机会来了！"是金子总会发光"，这个道理一点不假。我积极参加了柯亭、皋埠、龛山等地的战役，并尽可能出谋划策，我的军事才能开始显露出来，最终引起了当时浙江巡抚这位"贵人"的注意。

**实话实说，我是有点儿瞧不上他的，**因为这位"贵人"依傍着当时的大奸臣。可他身上的抗倭胆略又让我很敬佩，

## 而且他是我目前遇到的唯一器重我的人。

毕竟此时我的处境也不是能对别人挑三拣四的，大丈夫能屈能伸，经过了一番犹豫，我选择成为他的幕僚。为了感恩他的器重，我一上任就创作了《进白鹿表》，让"贵人"受到了皇帝的赏识。

自那之后，巡抚更加倚重我了。此后，我一路追随他，为他出谋划策，不仅帮助他擒获了倭寇首领，还助他招抚了海盗头子。这段岁月里，"贵人"待我如兄如父，还让我娶妻重新拥有了一个家，我又一次感受到了人间烟火。

## 我在心中暗自窃喜，咱的好日子就要来了！

我的作品《黄甲图》

可天有不测风云，这一年，"贵人"仰仗的大奸臣倒台了，"贵人"也因此被牵连受到了参劾，后来死在了狱中。

# 我仰仗的天塌了，
# 我的人生"没有光"了。

在数日的担忧与愤懑中，我的精神开始恍惚，他发起狂来，"士为知己者死"，不如我也跟着他去吧！我先为自己写好墓志铭，然后，拔下墙上一颗铁钉就往自己的耳朵上扎了下去，结果被家人救下来了。

为什么要救我呢？我已心存死志，既然扎耳朵不管用，那我就用锥子扎肚子，竟然也没死成。

**在我放弃自我的期间有件憾事令我后悔莫及**，又一次狂病发作中，我恍惚间我看到妻子和别的男人眉来眼去，我一气之下便将她杀死。

我清醒后痛苦万分，愿以死谢罪，但最终只判我服刑 7 年。

**后面我尝试了多次自杀，"阎王爷"竟然都不"收"我。我恨！我这是什么命？求生不得，求死不能，真是晦气！**

我的作品《水墨牡丹图》

活着没人待见，想死阎王又不收。出狱后，我就有些厌世了。

## 我根本不需要看破红尘，
## 因为我的红尘本来就是"破"的

我开始寄情山水四处游荡，从中又结交了不少诗画之友。我老了走不动了后，就在家乡搭了个破房子，继续写写画画。

我这一生不会管理钱财这些身外之物，到老也只能靠卖字画度日。我视钱财如粪土，有多少就花多少呗，只要饿不死就行。即使将我所藏的数千卷书籍都变卖，即使没米揭不开锅了，我也不会向富家贵室低首乞食。

只是这段时间，我的精神更加错乱了，我好像都用斧头砍自己了，竟然还被救活了。**因此我还被你们称为东方的凡·高，凡·高是何人，我不知道。我就是我，"不一样的烟火"。**

我活到37你呢？

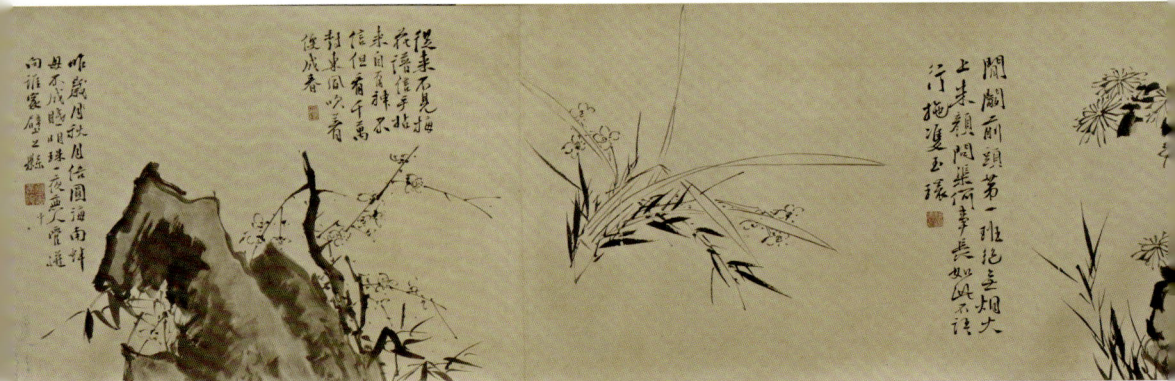

**1593年**

那比你多点，73

# 72岁的我感觉到我大限将至，

便写下了《畸谱》，里面是我这一生坎坷的经历。命运待我如此不公，**我对这一世没什么留恋的，早就想投胎转下一世了。**回顾我的一生，穷困潦倒到极致，我唯一放不下的是给我做伴的老狗，我的好狗兄你可要度过一个好晚年啊！

我的作品《墨花九段图》

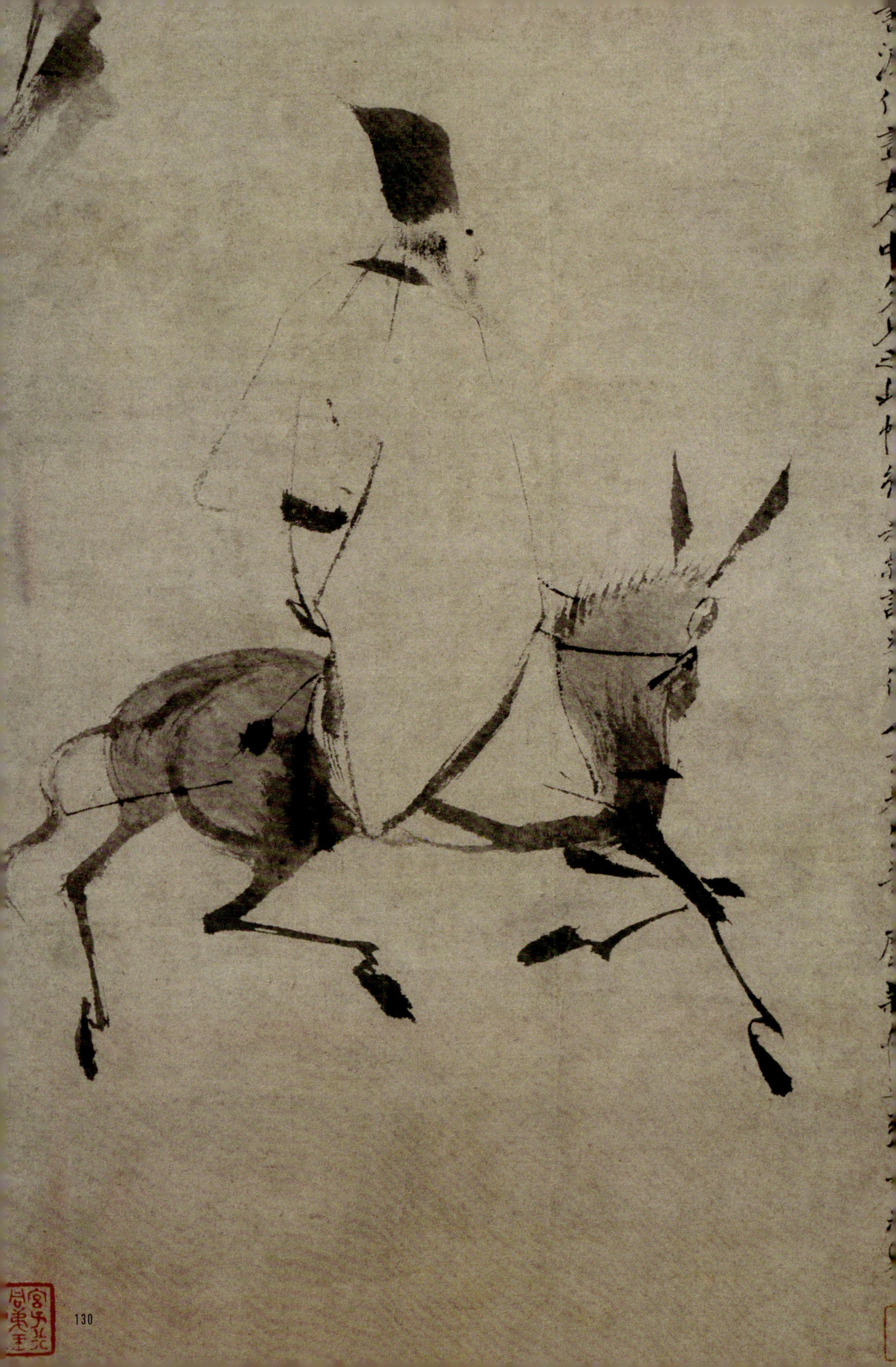

我的贵人是明朝抗击倭寇的大英雄**胡宗宪**，

他仰仗的大奸臣是历史上背负骂名的**严嵩**。

我被后人尊为中国"泼墨大写意画派"的开山鼻祖。因为，我的画风主观感情色彩强烈、笔墨挥洒放纵，将文人画写意推向了前所未有的高峰，成为中国写意花鸟画发展中的里程碑。

因为我所代表的画派的晚号叫**青藤道士**，我在绘画史上被称为**"青藤画派"**。

**清代的八大山人、石涛、扬州八怪以及近现代的吴昌硕，还有"恨不生前三百年，为诸君磨墨理纸"的齐白石等小辈画家都特别崇拜我，让我倍感欣慰，原来我的才华对后世画坛影响这么大。**原来"天生我材必有用"，不一定非要体现在追名逐利上，在千秋教育和后辈人才培养上的有用，或许才是更大的价值。哎，我现在才意识到这一点，我这一辈子真是庸俗啊。

我的代表作有《墨葡萄图》《牡丹蕉石图》等。

# 我叫徐渭。

我的作品《驴背吟诗图》

你好，我是朱耷

# 画一个"白眼"值一个亿，史上除了我还有谁？

鄙人，是一个有理想、有追求，将"修身、齐家、治国、平天下"作为人生追求的富贵皇子。按理说，我的人生起点如此之高，如果有剧本，那我应该自带"黄马褂"，高居庙堂之上，过我金碧辉煌的一生。然而啊，但是啊、人生就是这么出其不意。哥们儿偏偏拿了个"皇子命"贱民身的"剧本"，我的苦，谁懂？

**不过，不在痛苦中死去，就在痛苦中升华。** 我熬过"三十而立"，熬过"四十而不惑"，熬过"六十而耳顺，七十而从心所欲"，直到 80 多岁，我实在撑不住了，精神终于彻底得到了升华和解脱。回顾我这一生，也该和过去做个和解了。

### 1626年

**我出生在江西南昌，一生没走出过江西。** 这里孕育了极具特色的地域文化。我乃正统皇室子孙，我的祖父与父亲都是当时有名的画家，我自小耳濡目染，有着超高的艺术天赋。我 8 岁能吟诗，11 岁能绘青绿山水。嘿，听着耳熟不，后世对大师们的童年介绍差不多都是一个版本。

虽然我过着锦衣玉食的生活，但我不想做一个不劳而获的皇族宗室子弟。所以，即使我朝的《国典》有规定，宗室子孙不得参加科举考试，可我不甘心。什么继承家业、什么虚名的爵位，我的志向不仅是"修身齐家"、更要"治国、平天下"，

## 我要用自己的真才实学拯救日渐衰落的国家。

所以，为了能参加科举考试，我毅然决然地放弃爵位，以一介布衣的身份参加科举。在第一轮考试中我便考中了"诸生"，接下来我只需安心等待参加乡试，然后一直往上考，直至问鼎殿试，实现我的仕途之梦。
**但命运狠狠地"从背后给了我一箭"，让我的"修身、齐家、治国、平天下"的人生追求化为泡影。**

敌寇的铁骑踏破了我的国门，那个一辈子勤政到宵衣旰食的"万岁爷"在 3 月 19 日那天于万岁山上自缢身亡，

# 自此，大明亡了。

我给自己预设的辉煌的，功成名就的一生还没开始就这么戛然而止了。我没有勇气选择死亡，于是藏匿于山林之间，过上了隐姓埋名的逃亡生活，**而我家中近百口人除我之外皆成了敌寇的刀下亡魂。**眼前的山河依然是山河，但我的国与家却彻底没有了。

1648年

面对敌寇颁发的"剃头令"，无论是从士大夫的人格还是个人的情感上我都无法接受，那些蛮夷命令我们将满头浓密的长发剃成他们要求的样子，**这已经不是尊严的问题，实在是太丑了好吗！**

既然"留发不留头，留头不留发"，那就不如一根头发也不要，就是这么极致！于是，我落发为僧，遁入空门，有了"传綮"这个名字。佛祖虽然给了我生活上的慰藉，让我不再落魄逃亡，可无法抵消我满腔的悲愤，我还是做不到坦然面对这国破家亡的命运，我内心的苦楚只能向佛祖倾诉。

我的作品《天光云影图册》部分

我一边研习佛家的经典，一边寄情于从小培养的兴趣爱好——笔墨书画。

这段时间里，我经常写生，画一些山林寺庙里常见的事物，像西瓜、芋、芙蓉、菊花、蕉石、石榴、水仙、白菜、墨花、梅花、古松等，不过这时我主要还是在学习前人经验。我在字词中隐晦地表达我内心期盼一雪国耻的情感愿望。

我非常擅长水墨写意，尤其喜欢画花鸟画和山水画。我画花鸟画，最讲究一个字"**廉**"。

也就是画的内容和用笔都要少，不要多，毕竟前人也说过**"惜墨如金"**，又说过**"以少少许胜多多许"**。所以，我画花只用七八笔，只画一朵花，这便是一幅画。无论我画一朵花、一棵树，还是一条鱼、一只鸟，甚至有时一笔不画只盖一方印章，便都可以成为一幅画。

我前半生一直过着亦僧亦道的生活，虽然我也成为了"得道高僧"，还成为一所道院的开山宗师，但我并没有完全皈依宗教，我这样做**更多是为了逃避政治迫害，借以隐蔽，保护自己。**

136

敌寇已经坐稳我朝的江山，可能是因为处于胜利者的心态，突然取消了对我宗室斩尽杀绝的政策，规定改名易姓隐伏者返归不究。但是，他们开始在佛门拉拢佛教势力，佛门也变得不再清净。

庇护所不再能庇护我，咱得另寻出路了。**我开始逐渐走出寺院，去短途云游。**我过上了云游画僧的生活，结识了不少文人。期间，我请一老友为我画了一幅画像，我对这幅画像非常满意，出门经常随身携带，我在上面题跋六则，让这位友人题跋三则。

寒煙澹墨如見其人

我的作品《河上花图》

其中，我写的一则为：**"黄檗慈悲且带嗔，云居恶辣翻成喜。李公天上石麒麟，何曾邀得到你？若不得个破笠头遮却丛林，一时嗔喜何能已？"**

这一则透露出我想要还俗的心意已决。其实我做了这么多年和尚，发现做和尚也有嗔有喜，并不能得到真正的宁静。

而且，这数十年里，我一直活在水深火热之里，一面是超尘出世的佛家道教，一面是一直被压抑的愤懑，就这样每日在如此的拉扯与分裂的两极情绪中越陷越深，**而且我知道我的家族有着精神方面的癔症病史的，我已觉察到我的精神就在"崩溃的边缘"上。**

果然，怕啥来啥，后面的日子里，我开始变得疯疯癫癫，最终成为世人眼中的一个疯和尚。我整日蓬头垢面借酒消愁。在又一次喝的烂醉之后，我将身上穿了多年的僧衣脱下点燃烧了个干净，癫狂中的我一直走啊走，我也不知道要往哪儿走。

## 我衣衫褴褛，一路处处乞讨。

我由一个得道高僧变成了一副乞丐模样，**用双脚生生步行了 200 多里地，不知不觉自己已经走回了阔别多年的家乡——南昌。**

庆幸的是，一位本家侄子在街上认出了我，把我带回了他的家中。经过一段时间的调养，我的精神逐渐恢复了正常。**还俗入世后，我的生活开始发生转变，我娶了妻子，重新感受到了家庭的温暖，过上了普通百姓的生活。**

我的作品《山水图册》部分

我已经快到"六十而耳顺"的年纪，我开始渐渐放下对国破家亡的执念和过去经历的世事纷争。尝试以一颗平常心淡然处之，我又给自己起了一个名号，这几个字竖着连写，便出现了**"哭之笑之"**。不过，刚开始我可没这个意思，既然后辈们这么解读也未尝不可，也算是寄托我这一生的痛苦之情吧。我开始将内心强烈的遗民情结内化为艺术创作的动力，我的书画风格开始流露出强烈的个性色彩。

这个签名，你猜猜念"哭之"，还是"笑之"？

此时的我也已然顿悟，"四方四隅，皆我为大，而无大于我也"，我从小我中跳脱了出来，感受到放下之后"如入无人之境"、只见天地的忘我境界。至于俗世中的一切，我已然不在意了，谈得来我们就聊，

## 谈不来就"管你是谁"，
## 我赠你一双"白眼"。

这种人生感悟让我创作出来了一系列有个性的花鸟画，这种造型你们喜欢吗？我所画的孤鱼、孤鸟、野鹿等动物最显著的特点是它们几乎都有一副"白眼"，这可不是普通的白眼，我一般都在眼眶上部点睛，让它们眼里透出一股子对现实的"仇视""蔑视""傲视"，表现出叛逆和爱谁谁的态度。

**听说我画的这些"白眼"画作在后世非常值钱，有幅画甚至还卖了一个多亿。唉，如果我在世时这么很值钱该多好，也不至于80岁的我在孤苦清贫中死去。**

引此偏憐惟悴人緣日
飛下兩三旬空昆明在魚
兒放朱芳蘂開金馬老
甲戌六月廿日晉昌笪等
畫

**我唯一的存世画像是《个山小像》，**出自老友**黄安平**之手。

我晚年自号**八大山人。**

后世习惯叫我**朱耷。**

朱耷只是我考取"诸生"时的庠名而已，就是一个考生代号。

我是明遗民，敌寇是大清。

**我是明太祖朱元璋的第十七子宁献王朱权的第九世孙。**

# 我叫朱统𨨏。

我的作品《鱼》

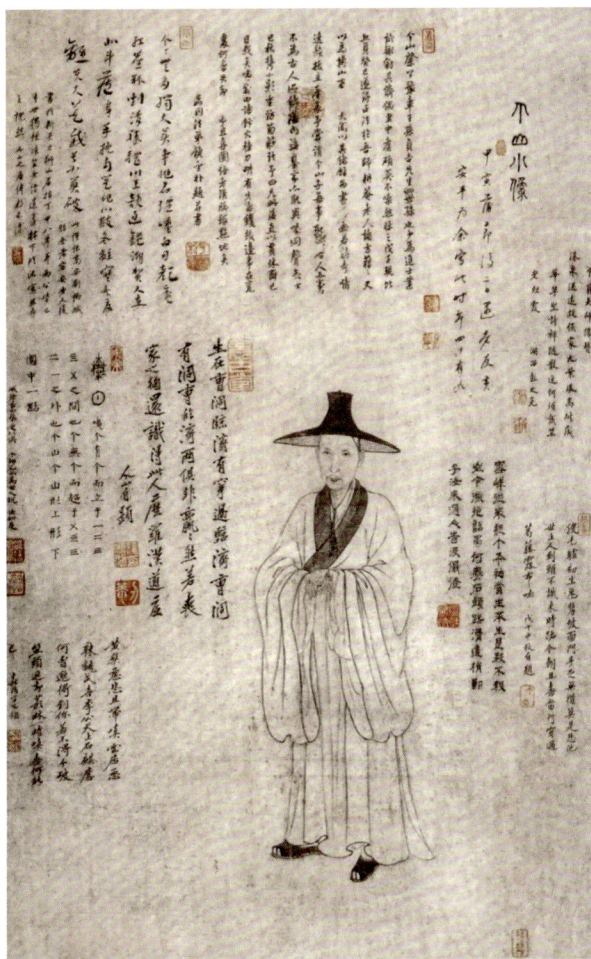

你好，我是石涛

鄙人，最短命富二代没有之一。虽然出生就是王室后裔，可还没断奶国就破了，家也亡了。**悲催阿，懵懂中的我，都还不懂什么是身份与地位，脑袋就差点搬家，这便是我的人生起点。**

什么！刚投胎到这家，就变穷光蛋啦？！

## 1642年

我出生的确切时间记不清了，好像是 1642 年。那时，万里江山已改朝换代，异姓侵略者入主中原，开始了新的统治。但是我的父亲偏居西南一隅，虽然势单力薄，但他仍然存有复国的奢望，或者说，他的身份也不允许他放弃。

我很苦

不过，历史的车轮已然碾过，前朝已被掀篇变成往事，他终究还是躲不过沦为阶下囚和刀下魂的命运。**而我，作为他的血脉，必然也难逃一死。**但非常幸运的是，王府的一位内官把我救了出来，带着我开始了逃亡生活。**那时，我还不满三岁。**

那位内官带着年幼的我，一路隐姓埋名逃出了我的家乡广西桂林，躲躲藏藏，终于来到了武昌。

乱世中怎样才能保命？他想到了远离名利的寺庙。因为当时的朝廷是不怎么查和尚僧人的身份，于是，他带着我在湘山寺一起削发为僧，一起诵经礼佛，一起守着清冷的油灯度过往后的孤苦长夜。就这样为了活命，我三岁就成了小和尚。**从此我这一生就只能以青灯为伴，与繁华热闹的红尘再也无缘。**每当想到这，我就觉得自己这一生好苦，觉得自己比苦瓜还要苦！

这熟悉的味道，像极了我自己

所以，我见到苦瓜就倍感亲切，变得越来越爱吃苦瓜，以至于后来我顿顿饭菜都必有苦瓜，甚至有时候，我还会把苦瓜等同于佛祖，一起供奉在案头进行朝拜。反正真实名字也不能用了，索性我就给自己起了个和苦瓜相关的别称。

对于我而言，唯一庆幸的大概就是前半生的时光里都有内官在身边陪伴，陪我四处游荡，还要忍着我的坏脾气。他虽然是我的家仆，但在我心中却是父亲般的存在，这样一想，其实我这一生也不算孤苦。

山上寺庙冷清，慢慢长大的我，告别懵懂单纯，逐渐了解了自己的身世，同时也有了少年心性。读完枯燥的佛经，日子过得百无聊赖。怎样打发白天空闲时间里的无聊呢？于是，我搜寻了一圈身边可发掘的东西，就近选择了可以自由挥洒的笔墨，**画起了经常见到的山水花草。**

绘画让我寻到了一条出路，一条不甘于默默无闻做个凡夫俗子的道路。说来也奇怪，和我一样在改朝换代中活命下来的很多前朝遗民，不约而同地选择了隐姓埋名当和尚，不约而同地发觉着自己的绘画技能，不约而同地将对命运的无奈和悲愤融入笔墨见于纸上。**因此，在绘画史上的这个时期，就冲出了我们这股非主流团体——画僧。**因为成就斐然，我和其他三位前朝遗民，还被后世称为"四僧"。

真是令人感叹，我们如此的人生啊，虽然命苦但有才，也不知到底是该喜还是悲。

不过，虽然我有着不俗的成绩，但在其他画僧眼里我就是个叛徒。乃至在世人眼中，我也是前朝皇室遗民中最没有气节的。因为我曾经跪拜参见过当时的康熙皇帝。

## 尤其是康熙帝两次南巡，
## 我被两度召见。

但咱内心比较强大，不管世人如何评价我，我还是觉得这是件及其荣耀的事。虽然我内心也曾产生过身份上的激烈冲突，但是，康熙帝又不是昏君，他是一个有政治才能的明君。在他的统治下，天下开始平复、百姓安居乐业。**所以我内心甘愿臣服于他。咱的心胸就是这么博大，态度就是这么客观。从事实出发，用事实说话。**

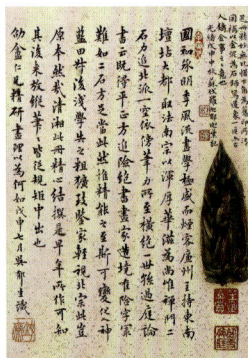

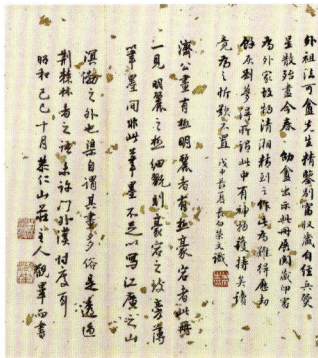

1684年，当他第一次南巡时，来到名刹长干寺，我带着好奇心和崇拜感，与长干寺僧众一起恭迎接驾。他气宇谈吐均不凡，一见之下就深深折服了我，我彻底成为了他的忠实粉儿。

五年后，在他第二次南巡时，我在扬州平山堂又一次恭迎圣驾。**这次，他居然当众叫出了我的名字，我真的是受宠若惊，倍感荣幸，一种头号粉头的幸福与快感油然而生。**

为纪念这么难忘的时刻，我还特别情真意切地写了两首七律《客广陵平山道上接驾恭纪》，深深表达我对皇上的感恩戴德。写诗还不足以表达我一个忠实粉丝见到偶像的喜悦之情，我还绘制了一幅《海晏河清图》，并且做了题诗和署款："东巡万国动欢声，歌舞齐将玉辇迎。方喜祥风高岱岳，更看佳气拥芜城。尧仁总向衢歌见，禹会遥从玉帛呈，一片箫韶真献瑞，风台重见凤凰鸣。"在署款处，我小心翼翼地写上了我的名字，"臣僧元济顿首"。

山水册八帧

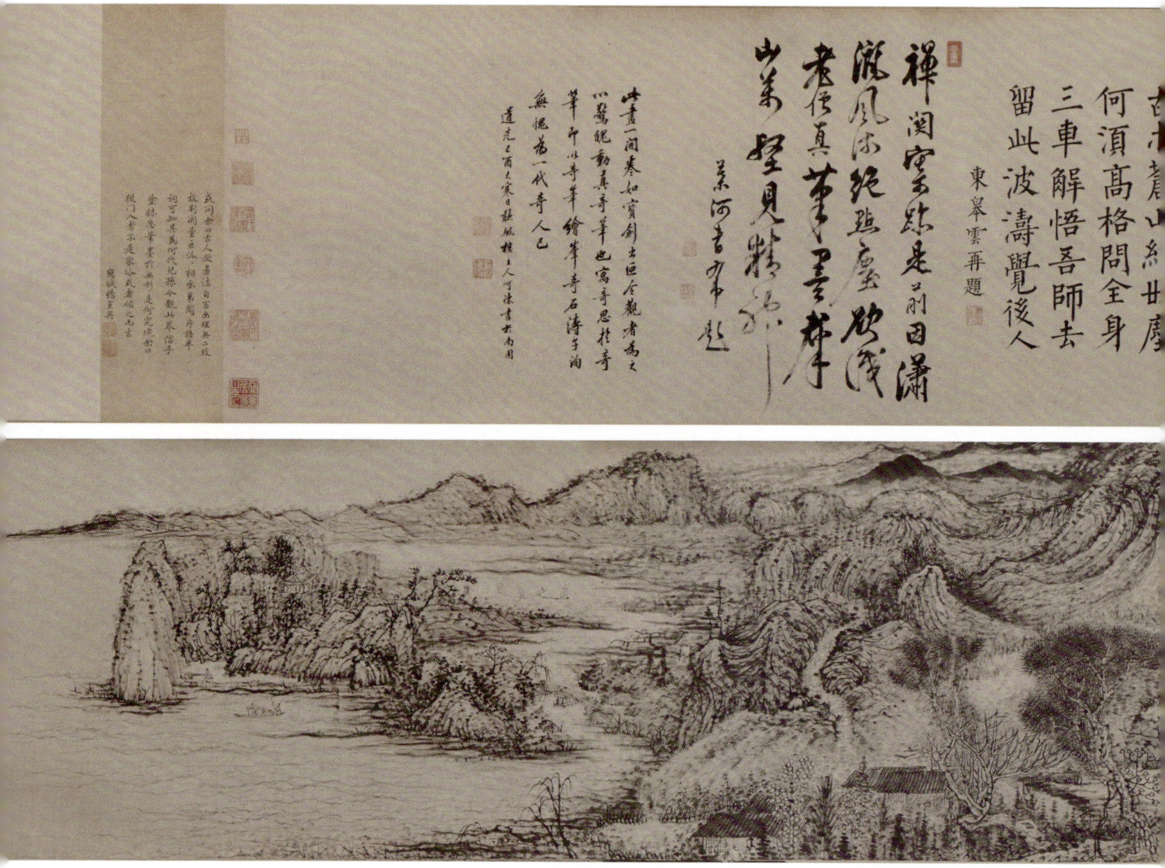

搜尽奇峰图

**1689年**

1689 年，我已经 47 岁了，也该浅浅的中年危机一下，再不努把力，我这一生就这么过去了。**于是我怀揣着报效朝廷的愿望，来到了天子脚下——北京。**

我为了和上层官吏结交拉近关系，经常给他们绘制作品。当然，我也结交了当时画坛上的名师大家，不断与其他画家切磋画艺，我意识到自己的画技还是存在很多不足，所以，这段时间我积极学习优秀的笔墨技法，并将学到的技能及时融会贯通的体现在自己的新作中，正所谓活到老学到老，我的绘画技巧确实得到了大大提升，我也更有信心敢于创作一些气势恢宏的作品。

砚画奇峰打草稿

**1691年**

在 1691 年我创作的画卷《搜尽奇峰图》，是我以细笔一层层勾、皴，再由淡而浓，反复擦、点，淡墨渲染而成的。所以，整幅画面才能显出苍莽凝重，又不失意趣。

虽然我的绘画技艺得到了大大的施展空间，但是我一腔"皇家问赏心"的愿望，却由热烈变冷淡，最后凋零。因为我在数次无效的应酬社交里，终于明白了一点，那就是我的愿望也不过和我父亲当年一样，都是奢望。我在这些官吏眼里，终究不是同类，怎会给予掌握权力的机会？我在他们眼里，和一个画匠并无一二。看透了这层真相，我彻底心灰意冷，写下了凄楚哀婉的诗句："诸方乞食苦瓜僧，戒行全无趋小乘。五十孤行成独往，一身禅病冷于冰。"

自云荆关
一隻眼
清湘老人

**1705年**

回到扬州后，我开始了我的退休生活，我主要还是以卖画为生。我一边用心钻研绘画技巧，一边动手整理这些年实践总结的绘画理论和经验，著成了一本《画语录》，希望通过它把我的作品传给后世，益于后人。1705 年，康熙四十四年，我离开了人世。"人生七十古来稀"，我这大半生都是为了活命而活，能活到这个岁数也算获得了一种人生上的圆满。苦瓜虽苦但去火，人间正道是沧桑。

我和**朱耷（八大山人）**、**髡残（石溪）**、**渐江（弘仁）**

四人被后世称为"四僧"。

我和八大山人都是明宗室后裔，后面两人是我朝遗民。

我的父亲是明靖江王**朱赞仪**的十世孙**朱亨嘉**，我是他的长子。

把我救出来的内官叫**喝涛**，他是我的救命恩人，是照顾我陪伴我的人，是我亦师亦友之人。

宣城画派的代表人物是**梅清**（1623—1697年），素有**"黄山巨子"**之雅称。

我给自己起的别号有**苦瓜和尚**、**零丁老人**、**济山僧**与**瞎尊者**等。

**我的真实姓氏是朱，名若极，小字阿长。**

我被世人所知的名字，是**石涛**。

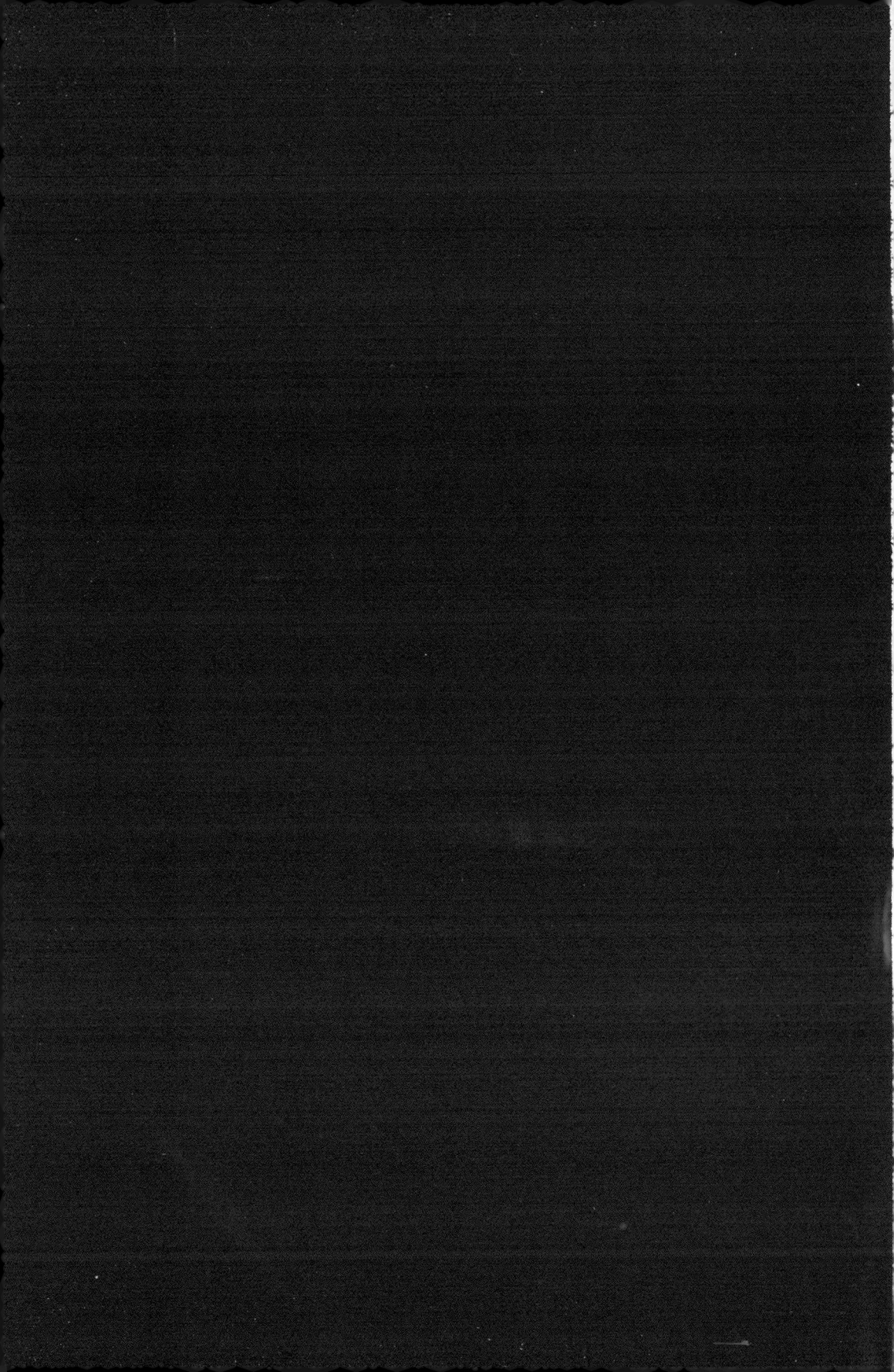